VERSION GÉORGIENNE DE LA

VIE DE SAINTE MARTHE

CORPUS

SCRIPTORUM CHRISTIANORUM ORIENTALIUM

EDITUM CONSILIO

UNIVERSITATIS CATHOLICAE AMERICAE
ET UNIVERSITATIS CATHOLICAE LOVANIENSIS

Vol. 286

SCRIPTORES IBERICI

TOMUS 18

VERSION GÉORGIENNE DE LA
VIE DE SAINTE MARTHE

TRADUITE PAR

Gérard GARITTE

LOUVAIN

SECRÉTARIAT DU CORPUSSCO

49, CH. DE WAVRE

1968

INTRODUCTION

La version géorgienne de la Vie grecque de sainte Marthe (BHG 1174), mère de saint Syméon stylite le Jeune († 592), est conservée dans trois manuscrits, qui sont décrits en détail dans l'introduction du volume de texte :

A : cod. géorgien 84 d'Iviron au Mont Athos (XIe siècle) ;

J : cod. géorgien 156 du Patriarcat grec de Jérusalem, daté de l'an 1040 ;

T : cod. A 142 de l'Institut des Manuscrits de Tiflis (XIe siècle).

Ces copies de la Vie géorgienne proviennent toutes trois du monastère de saint Syméon au Mont Admirable.

Mises à part les divergences orthographiques, assez nombreuses, on ne relève entre les trois manuscrits que des variantes relativement peu importantes. En particulier, les textes des manuscrits A et J, contemporains à quelques années près, sont quasiment identiques. Le manuscrit T diffère du texte AJ sur de nombreux points de détail, d'ordinaire sans grande importance pour le sens ; quand l'original grec permet la vérification, on constate généralement que ces variantes résultent d'innovations de T.

Seul le manuscrit A contient la Vie complète ; dans J il manque les § 1-13 et une partie du § 14 (voir notre traduction, § 14, note 4) ; dans T, le texte commence au § 9 (voir plus loin, § 9, note 2).

Notre traduction latine est strictement littérale ; elle reproduit toujours l'ordre des mots de l'original géorgien (sauf cas de force majeure) ; la trait d'union unit dans la traduction latine des éléments qui sont exprimés par un seul mot en géorgien.

La division en paragraphes est reprise à l'édition du texte grec (*Acta Sanctorum*, Maii V, 1685, p. 403-431 ; 3e éd., p. 399-425).

Dans les notes sont traduites toutes les variantes des manuscrits géorgiens qui impliquent une différence de traduction.

Vita et conversatio beatae Marthae, Symeonis matris, qui certavit a pueritia aetatis suae admirabile certamen [1] in Monte Admirabili.

1. Qui ⌜beatae et infinitae vitae [1] cupidi erunt, psalmi verbum semper habent illi in-meditationem quod dicit : «[Intel]ligere-fac me, Domine, et [discam] ego mandata tua»[2]; et [rursus d]icit : « Doce me ut [faciam voluntatem] tuam »[3]; hi [± *15 litt.*] hoc et [± *20 litt.*] nunquam revertuntur ad mundanas sollicitudines neque everti mentem suam assentiunt per vanas et inutiles distractiones mendacis et inanis vitae, sed totum studium suum ostendunt ⌜ad adornandum [4] interiorem hominem et spiritalem conversationem; volunt autem illi bonum certamen suum occultum a multis custodire, et ad melius et ad-salutem ducens opus studiosi sunt incessanter. Huiusmodi (homines) vere sunt confirmati super fundamentum apostolicum inconcussum et indeclinabiles manent per-potentiam vivificae crucis, iure omnem dolositatem malignorum spirituum praetergrediuntur, innoxii custodiuntur ab undis huius mundi, et a temptationibus inimici intacti sunt constituti, et consiliorum eius malorum contemptores sunt. Propter hoc etiam sancta et beata mater nostra Martha, ex qua genitus est Symeon servus Dei, una erat e supra memoratis, de qua etiam proposita nobis est nunc notificatio haec et narratio ad-utilitatem legentium et audientium hoc. Haec beata zelum divinum suscepit, et promissorum bonorum ⌜Deum diligentibus [5] desiderium firme thesaurizavit, et de non-transitoria beatitudine sitiens facta est; meditabatur incessanter iustitias Domini et viis rectis ambulabat indeclinabili mente et ferventi corde. Tres igitur pretiosas margaritas acquisiverat illa multi pretii : fidem iustam, et spem firmam et inconcussam, et caritatem perficientem [6] erga Deum per quam omnes virtutes diriguntur manifeste. Et voluit illa abscondere virtutes suas omnino ab omnibus hominibus, ut Deo tantum soli essent illae manifestatae; nam fugiebat illa superbam cogitationem, et propter hoc [7] studiosa erat abscondere ab hominibus suum studium et sapientiae amorem ex omni parte.

Tit. [1] Cfr 2 *Tim.*, iv, 7.

1. [1] *Litt.* de beata ... vita. — [2] *Ps.* cxviii, 73. — [3] *Ps.* cxlii, 10. — [4] *Litt.* pro adornatione. — [5] *Litt.* pro Deum diligentibus. — [6] *Litt.* perfectum facientem. — [7] *Litt.* hanc rem.

2. Et sequebatur humilitatem corde contrito; ieiunabat igitur indesinenter, praesertim feria quarta et parasceve percaute omnino; et in ecclesia suae domus erat placide et tacite; habebat autem [1] studium ingens lucernas accendendi in ecclesia sua et incensum turificandi semper; et totum faciebat ad-glorificationem Christi Dei nostri, [5] incorruptae matris eius omnino sanctae Deiparae semper virginis Mariae, et omnium sanctorum eius. Venerabilem autem filium suum sanctum Symeonem magnum ⌐Deo convenienter [2] nutriebat; et ut factus est ille sicut sex annorum, timore magno et omni cautione educabat [3] eum beata Martha, secundum monitum [4] et praeceptum [10] sancti et gloriosi Baptistae et Praecursoris, a quo conceptionis eius et nativitatis bonum-nuntium acceperat illa. Orationes igitur et rogationem Christo Deo semper cum-lacrimis pro illo offerebat, et petebat ut susciperet illum ab ea, sicut olim Samuelem ab Anna. Et sollicita-erat semper mente sua de illo, quidnam futurus esset [15] puer ille beatus; et ut erat illa in sollicitudine hac corde suo de filio suo, dormitavit et vidit se ipsam alatam factam et sicut volucrem quasi in-excelsum ascendentem, et puerum beatum sinu quasi baiulabat et adducebat eum offerendum Domino; et ita dicebat ad puerum in visione : « Hanc igitur ascensionem tuam exspectabam ego, puer, [20] videre, ut Dominus dimitteret me, ancillam suam, in-pace, quia inveni ego gratiam a Domino offerre fructum ventris mei ut-donum Deo meo ». Et ut experrecta est illa, mirata est visionem quae ostensa est ei et conservavit illa totum in corde suo et glorificabat Deum.

3. Abibat igitur beata semper ad-templum dominicum, quod est [25] ecclesia Dei, et nocte tota faciebat orationes et cantabat usque ad mane, et indesinenter erat in rogatione. Ubi autem domi [1] erat illa, media nocte surgebat ad-confessionem Domini. Visus autem imaginis eius erat gratia plenus, quia omnino pulchra et adornata virtutibus videbatur. Verbum habebat illa consolationis et sequebatur illa [30] semper pacem et puritatem, sine quibus nullus videbit Dominum. Omnibus diebus vitae suae in-vespertina et matutina (oratione) nunquam deficiebat, et praesertim erat studiosa illa noctis orationes et vigilias perficere, praesertim in-commemoratione sanctorum martyrum. Prompta erat illa ire in-ecclesiam, immunis [2] ab omnibus solli- [35]

---

2. [1] *Litt.* igitur. — [2] *Litt.* divine pulchre, gr. θεοπρεπῶς; cfr § 10, n. 5. — [3] *Litt.* prehendebat. — [4] *Litt.* doctrinam.

3. [1] *Litt.* in-domum suam. — [2] *Litt.* non-impedite.

citudinibus, et recipiebat illa vitalia Christi mysteria, carnem et
sanguinem dominicum filii Dei. Et nemo unquam vidit in-vita eius
beatam in ecclesia sedentem [3] nec colloquentem cuiquam, sed erat
stans seorsum, et rivos lacrimarum defundebat illa ex oculis suis
5 indesinenter; et philanthropo Deo rogationes suas cum-timore magno
et tremore praestabat semper, et praesertim rogabat illa ferventer
Dominum pro salute et perseverantia iusti Symeonis filii sui. Et
semper dabat illa incensum sacerdotibus in-tempore liturgiae, et
petebat ab eis orationem ad Deum pro illo.

10   **4.** Monachus autem quidam unus erat, nomine Symeon, valde
gratus et dignus; hic spectabat multum tempus beatam Martham
ita firme stantem semper in ecclesia et quod nunquam considebat
illa in ecclesia, et praesertim in-tempore sancto liturgiae; cogitabat
⌜in-honorem ei aliquid facere [1]; respondit et dixit beatae Marthae :
15 « Assenti, mater, et indubitanti corde paucum conside et requiesce ».
Vere autem beata respondebat ei et dicebat : « Rogo tuam dignitatem
ut respicias tu in-servos, quomodo sellas dominorum suorum baiulent
illi humeris suis, hominum item mortalium, et cum-timore et tremore
stantes sint illi coram eis, corruptibilibus dominis et similiter illis
20 perituris. Nos igitur quomodo audaces fiemus, dum erit aliqua adhuc
potentia in corpore nostro, considere in-tempore tremendo sanctae
liturgiae, coram immortali et incorruptibili rege et creatore omnium ?
Non parvam audaciam existimo [2] ego opus hoc (eorum) qui con-
temptim et procaciter hoc facient ». Et ita persuasit monacho illi
25 de hac re. Ipsa autem beata, in-additionem bonis virtutibus et certa-
minibus suis, faciebat hoc quoque quod semper habebat illa sub
linteo impositorio suo sindones albas, et dabat illa eas neophotistis
qui non poterant acquirere istiusmodi sindonem, ut in eis susciperent
illi infantes suos e vitali et sancta piscina. Et aegrotorum etiam om-
30 nium curam-agebat illa e suis necessariis cum-ingenti studio, et in-
digentiae eorum consolatrix fiebat semper. Esurientium nutrix erat,
sitientium consolatrix erat, et ubicumque erat illa beata, omnium
omnibus curam-agebat cum-studio, et faciebat illa hoc occulte totum
tota potentia sua. Si autem fiebat [3] quoque visio ab ea verorum
35 pauperum et (eorum) qui nudi erant a tegumentis, festinanter emebat

---

[3] *Litt.* deorsum-sedentem.
    4. [1] *Litt.* quoniam in-honorem … faciebat ille. — [2] *Litt.* cogito. — [3] *Litt.* fit.

illa vestimenta e foro et occulte dabat eis. Nam cum-timore et tremore audiebat illa incorruptibilem vocem sancti evangelii quae advocat iustos, et dicit Dominus : « Venite, benedicti Patris mei, et hereditate regnum quod est praeparatum vobis ante mundi creationem ; nam nudus eram et me vestivistis, et esuriens eram et enutrivistis me, [5] alienus eram et me excepistis » [4], et sequentia [5] hoc.

5. Hoc meditabatur illa et faciebat quoque indeficienter, nec comitari alienos et peregrinos fratres defunctos indignum aestimabat beata, nam educebat eos usque ad aeternam habitationem eorum, et rivos lacrimarum defundebat ex oculis suis misericordi animo [1] [10] et mente pura ; et si necessarium erat balsamum et involucrum, donabat subito. Faciebat igitur cibos quoque et afferebat in-ecclesia sedentibus fratribus pauperibus. Gratiam igitur habebat erga omnes, et verbum eius erat sale divino permixtum [2]. Quando opus erat emere aliquid e necessariis (rebus), explicate et inturbate dabat pretium. Et si vendebat [15] aliquid e ⌜manufactis suis [3], eodem-modo suaviter et bene faciebat illa negotiationem. Non inducebat omnino beata iuramentum in-medium, nam verbum eius erat super hoc confirmatum : aut dicebat : « Mihi condona », aut « utique » et « non ». Saepe occurrebat quoque obiurgantibus, et reconciliabat eos per-verbum sapientiae suae, et [20] turbatio evanescebat eis. Et si videbat quosdam e tribulatis, condolescens erat eis et reddebat [4] debitum eorum et salvabat illa istiusmodi (pauperes) a periculo [5] ; et verbum respondebat persecutoribus [6] eorum et eis dicebat : « Mors vobis imminet, o homines, nam pulvis et cinis est omnis homo ; propter quid vos comeditis invicem ? Ne [25] avaritiae dedamus [7] nos ipsos, neu contristemus Deum qui ut-adversus-se ipsum considerat [8] adversus proximum iniustitiam [9] ; nam neque unum aliquod absconditur ei e nostris operibus ».

6. Hoc igitur huiusmodi cum dissereret beata Martha, omnes qui audientes erant honorabant verba eius propter gratiam a Deo [30] donatam ei, et quod dabat eis ut-eulogiam accipiebant ; et cum salvaret a periculo [1] tribulatos, subito liberabat eos, et glorificabant Deum. Propter quod de hac beata opus est dicere verba beati David : « Beati

---

[4] *Matth.*, xxv, 34. — [5] *Litt.* sequens.

5. [1] *Litt.* corde. — [2] Cfr *Col.*, iv, 6. — [3] *Litt.* manufacto suo. — [4] *Litt.* dabat. — [5] *Litt.* temptatione. — [6] *Litt.* carnificibus. — [7] *Litt.* demus. — [8] *Litt.* adnumerat. — [9] *Litt.* falsitatem.

6. [1] *Litt.* temptatione.

sunt immaculati in-via, qui ambulant in-lege Domini. Beati sunt qui scrutantur testimonia eius, toto corde suo conquirent eum » [2]. Vere igitur toto corde conquisivit illa Deum et invenit, et invocabat eum humilitate cordis sui et dicebat ita : « Salva me, Deus, ancillam 5 hanc tuam, quae spero in-te ». Rogabat autem omnino pro Symeone iusto quem selegit Deus ut donaret ei gratiam, qui sperabat in-eum et ⌜adoravit eum [3] ab infantia aetatis suae et crucifixus est pro eo. Hoc rogabat semper spiritu et petebat indesinenter, et erat illa affixa Deo undique corde et mente.

10   **7.** Sacerdotes autem valde honorabat multis modis; nam sicut olim Martha studiosa erat in-suo [1] ministerio in-honorem Domini, et unguentum cum Maria obtulit, ita etiam haec beata Martha lavabat pedes sacerdotum et requiem-praestabat eis semper, qui glorificabant Deum et benedicebant beatam et ita abibant; nam abrahamitica 15 erat beata, et theophoros hospitio-accipiebat homines. Habebat igitur hanc quoque gratiam a Deo, quae [2] est mirabilis valde : nam quidam a daemone dementes fiebant et ambulabant illi et vociferaban-tur die et nocte, et corpus suum comedebant, et vestimenta sua excutiebant, neque ullam [3] inveniebant istiusmodi homines delecta-20 tionem a tribulatione vel requiem aut levamentum quodcumque; nec panem quidem eis datum manducare poterant [4]; cum autem eos advocabat beata Martha, subito sequebantur eam et ei oboediebant sicut filii matri suae, et intrabant in-domum eius et sicut mente innoxia et manducabant et bibebant, et ita abibant in-suum locum; 25 ⌜a nullo autem alio [5] assentiebant cibum accipere. Propter quod etiam omnes quicumque spectabant hoc glorificabant Deum et narrabant ab illo gratiam ei datam.

  8. Aliquando autem secundum consuetudinem suam noctis orationes offerebat illa Domino et gratiarum actionem Dei cum-rogatione 30 cantabat; et summum omnium e natis mulierum [1], maximum pro-phetarum omnium, Iohannem magnum, ut-intercessorem invocabat; et ut dormitavit paucum, digna facta est illa manifestatione sancti Praecursoris Iohannis, cum quo vidit stantem sanctum quoque Timo-theum, discipulum magni Pauli apostoli; et sicut diligenti et amicae

---

[2] *Ps.* cxviii, 1. — [3] *Litt.* procidit ad-eum.

  7. [1] *Ca. 6 litt. erasae* A. — [2] *Litt.* et. — [3] *Litt.* unam quamdam. — [4] *Litt.* potentes erant. — [5] *Litt.* ab alio autem neque uno quodam.

  8. [1] Cfr *Matth.*, xi, 11.

colloquebatur magnus Iohannes beatae Marthae et dicebat ei : « Ego
omni tempore deductor [2] tibi sum et intercessor coram Deo, et non
relinquam te »; ut autem experrecta est beata, cum-timore et tremore
glorificabat Deum. Ascendebat igitur illa semper secundum consuetudinem suam apud venerabilem filium suum in-Montem Ad- 5
mirabilem; et quotquot videbat illa super viam vexatos quocumque
morbo, condolescens et compatiens fiebat eis, et consolabatur, sicut
erat possibile, verbis sapientiae suae; et remedium apparabat eis
vulnerationum eorum (et) vinum et oleum deponebat super eas; ita
abibat in-via sua cum-gaudio. Nam saepe fiebant in-temporibus illis 10
a latronibus deceptiones. Qui autem ministri erant pro opere aliquo
bono, coadiutrix erat (eis) omnino beata. Et quicumque infirmitate
aliqua erant apprehensi fratres, lavabat eos et sanabat et donabat
(eis) necessarium munifice.

9. Et super omne opus suum minimam et deterrimam omnium se 15
ipsam vocabat illa; et (iis) qui cognoscebant eam ut-matrem huiusmodi
sancti et magni hominis indignam ancillam eius discipulorum dicebat
illa se ipsam. Neque unquam superbibat vel ut-gloriationem habebat
illa, cum audiebat et spectabat multitudinem populi variis passionibus
apprehensam, quosdam surdos et alios caecos et paralyticos, et huius- 20
modi multitudinem feminarum et puerorum et virorum, quos sanabat
beatus plures ⌈quam-ut-numerarentur [1] per-orationes suas et rogationes ad Deum; sed totum conservabat [2] illa in corde suo, et rogabat
Deum ut custodiret eum a machinationibus mali [3] daemonis, et dicebat
illa semper ad servum Dei, filium suum, corde humili : « Gloriam 25
offeramus, fili, Deo benigno qui per te facit signa; tu autem cave
⌈et custodi cor tuum [4] ». Symeon autem, cum audiebat hoc [5] a matre
sua, gaudebat et gratias-agebat ⌈bono consilio [6] illius beatae; sancta
autem Martha laetans erat de illo valde, et gratias-agebat Deo, quia
sciebat illa ab ipsa infantia ascesim eius magnam et excelsam [7]; 30
et omnes quicumque laudem eius proclamabant, impediebat eos
et non sinebat [8] dicere istiusmodi laudem; nam laus pro multis nocens
et dissolvens est, propter quod timebat illa et nolebat [9] huiusmodi
aliquid de filio suo audire.

---

[2] *Litt.* manum prehendens; *cfr* § 21, n. 11.
   9. [1] *Litt.* quam-numerum. — [2] *Hic incipit* T. — [3] *Om.* T. — [4] *Om.* T. — [5] A *add.*
magnus. — [6] Deo propter bonum consilium T. — [7] T *add.* beati. — [8] dominos faciebat
T. — [9] *Litt.* noluit.

10. Ita igitur [1] conversabatur et tanta hac humilitate cordis ab omnibus volebat [2], si possibile esset, abscondi suam conversationem et virtutes; propter quod super illam perficiebatur vere verbum prophetae quod dicit : « Et super quem respiciam, nisi ad-mitem
₅ et humilem et [3] qui tremet a verbis meis ? » [4]. Nams icut in-carnali mani-festatione domini nostri Iesu Christi apparuerunt per eum Maria Magdalena et Salome et Susanna et Iohanna et aliae discipulae Domini, ita etiam beata Martha apparuit ut-discipula Domini et ⌐Deo con-venienter [5] audivit illa vocem regis nostri quam ille dicit : « Discite
₁₀ a me quia mitis et humilis sum ego corde, et invenietis requiem anima-rum vestrarum; nam iugum meum suave est et onus meum parvum » [6]. Propter quod inclinavit ⌐illa beata [7] collum iugo Domini, et faciebat opus virtutum firme et indeclinabiliter, ⌐et cum-parvo onere [8] liberatoris et salvatoris commutavit culpas suas, si ut carnali ei etiam eveniebant,
₁₅ hoc alleviavit illa totum omnino, et praesertim omnino se ipsam Deo perfecte [9] obtulit illa, sicut est scriptum, quoniam : « Appropinquare me Deo bonum est, ad-ponendam ad Deum spem meam » [10]. Propter quod etiam gratiam invenit illa a salvatore nostro Iesu [11] Christo et audivit etiam ab eo sicut Maria, soror Lazari et Marthae, quoniam haec
₂₀ Martha bonam partem selegit, quae nunquam auferetur ab-ea [12].

11. Una igitur die, ante annum unum ad Deum [1] migrationis [2] suae, ⌐postquam perfecerat illa [3] opus quod faciebat bonum in-cura pauperum, sicut admirationi tradita est, et [4] vidit illa exercitus caeli et copiarum multitudinem incorporalium, quae habebant in-manibus
₂₅ suis lucernas et lampades et dicebant beatae : « Venturo anno venimus et abducimus te ab-hoc loco in-praeparatam hereditatem tuam ». Quod etiam factum est ita, nam cursum perfecit illa et bonum certamen certavit et fidem firme custodivit [5] et [4] spem beatam bene certantium ut-viae-comitem abduxit, et migravit [6] ⌐ad Dominum [7] quem diligebat
₃₀ illa. Nam annum unum alium transegit adhuc [4] ⌐in hac vita [8] post illam visionem. Sperabat igitur Martha in-Dominum et non [9] puduit eam; oravit et Deus [10] audivit orationem eius. Non autem abscondit

---

10. [1] autem T. — [2] *Litt.* voluit. — [3] *Om.* T. — [4] *Is.*, LXVI, 2. — [5] *Litt.* divine pulchre, cfr § 2, n. 2. — [6] *Matth.*, XI, 29. — [7] beata T. — [8] et ... onere *om.* T. — [9] *Om.* T. — [10] *Ps.* LXXII, 28. — [11] *Om.* A. — [12] Cfr *Luc.*, X, 42.

11. [1] *Hic ca 12 litt. erasae* T. — [2] *Litt.* transmutationis. — [3] *Litt.* post perfectionem eius; eius *om.* T. — [4] *Om.* T. — [5] Cfr 2 *Tim.*, IV, 7. — [6] *Litt.* transmutata est. — [7] *Dubium in* T. — [8] in vita sua T. — [9] nunquam T. — [10] Dominus T.

Dominus [11] servo suo magno Symeoni migrationem [12] matris eius beatae Marthae, sed praevie notificavit ei de hac re; et non veniam-dedit sancto diu [13] contristari, nam commutavit in-gratiarum-ac-tionem cor eius ad Deum; propter quod etiam beati Iob verbis usus est ille, et dicebat [14] : « Sicut Dominus voluit, ita etiam factum est; 5 sit nomen Domini benedictum in-saeculum » [15].

12. Erant igitur duo fratres qui-fuerant e populo, qui venerant apud sanctum Symeonem antequam deponeretur lapis super lapidem ⌜in-Admirabili Monte [1], qui etiam grate [2] Deo vivebant valde secundum sanctas doctrinas magni Symeonis et mandata eius observabant [3] 10 caute quae mandavit ille eis, quibus etiam induit sanctus servus Dei Symeon vestimenta sacci; hi igitur arserunt verbis gratiae eius et timore erant violenti [4] ad-arripiendum regnum caelorum [5]. Una igitur die stantes erant fratres prope sanctum Symeonem; intravit igitur inter eos ex ⌜duobus illis [6] fratribus unus senior, quos memoravimus 15 paulo antea; et [7] inflexit ⌜coram-sancto genua [8] et dixit ei : « Pater, mihi condona, et mihi praecipe ut te moneam [9], quia habeo ego verbum quod [10] nuntiem tibi ». Et ut ei praecepit sanctus dicere quod erat [11] apud eum, coepit ille et dicebat ita : « Hodie vidi ego in somno huius noctis dominam nostram [12] Martham, matrem tuae sanctitatis et 20 nostri omnium, stantem coram omnium [13] domina Deipara semper virgine Maria, matre Domini; et ut spectabam ego hoc, levavit manus suas domina omnium in-crucis formam, et facta est illa omnino sicut crux auri puri, et fulgebant ab ea radii splendidi sicut a sole, et vultus tantum eius agnoscebatur a-superiore parte crucis, nam omnino 25 commutata est illa in-crucis formam et plena gloria apparuit ».

13. Hanc igitur visionem narrabat frater ille coram [1] omnibus sancto Symeoni; et ut perfecit ille sermonem, venit ad-eos sancta Martha; et ut vidit sanctus Symeon matrem suam beatam, dixit ei sanctus Symeon : « Benedic me, mater, sicut Abraham Isaacum ». 30 Beata autem respondit ei et dixit : « Propter hoc veni ego etiam, fili, ut benedicerer [2] a te et relinquerem tibi pacem; nam tres adhuc menses restant [3] e vita mea; nam post eos, abibo ego ad-Dominum Deum

---

[11] Deus T. — [12] *Litt.* transmutationem. — [13] *Litt.* longe. — [14] *Om.* T. — [15] *Iob*, I, 21.

12. [1] propter miraculum T. — [2] T *add.* Deo. — [3] AT *add.* illi. — [4] *Litt.* cogentes se ipsos. — [5] Cfr *Matth.*, XI, 12. — [6] duobus illis T. — [7] *Om.* T. — [8] genua coram sancto T. — [9] *Litt.* recordari-faciam. — [10] et T. — [11] *Litt.* est. — [12] meam T. — [13] *Sup. lin.* T.

13. [1] *Litt.* super, *gr.* ἐπί. — [2] T *add.* ego. — [3] *Litt.* restantes sunt.

meum qui confecit [4] et creavit te et [5] omnes, et te selegit ex indignitate
mea ; ille igitur ipse solus benedicat te et dignum faciat te perficere
bonum hunc cursum tuum et participem-faciat te regni sui cum
filiis his tuis, quos gratificatus est tibi gignere per-evangelii praedica-
5 tiones ». Et inclinata est et adoravit eum cum-lacrimis.

14. Et omnes secundum quod-decet cum-honore salutaverunt
beatam, gratias-agebant Domino et dicebant : « Praesertim pro nobis
vivat anima tua, mater, et laudet [1] Dominum ». Nam tristes facti
sunt omnes super verbum eius quod dixit, quoniam : « Tres adhuc
10 menses restant [2] mihi ⌐ut in-vita sim [3], et iam non videbitis vultum
meum corporaliter » ; et adiecit verbum aliud in-confirmationem [3]
horum verborum et dixit : « Si autem hoc non fiet [4] ita, tum [5] sicut
deceptam aestimate [6] me, ancillam Domini ». Et ut audiverunt hoc
fratres omnes, coeperunt contristari, et mutatus est color a vultibus
15 eorum, et praesertim propter hoc quod [7] ancillam omnium vocabat
illa [8] se ipsam. Dixit autem ei Symeon : « Benedictionem petimus [9]
a te, mater, et non huiusmodi quaerimus nos a te verba, quae gravantur
super nos ». Respondit igitur beata Martha : « Benedicti estis vos ⌐a
Domino [10], et benedicti sint benedicentes vos ; ego igitur, fili, sicut
20 peccatrix et pauper dico debitum meum ; tibi autem sit honor ab
illo quem honoravisti ab infantia tua et ⌐cum quo crucifixus es [11]
semper ; et te decet etiam honor sicut gratum Christo ». Et [12] ut dixit
hoc, salutavit omnes et abiit illa ad-civitatem [13].

15. Die autem secunda advocavit sanctus Symeon e discipulis
25 suis homines dignos et gratos, ⌐et dixit eis [1] : « Obdormire habet certe
et requiescere domina ⌐mea magna [2], quia vidi ego in visione nocte
hac quod quasi posuerunt ei lectum coram me, et consedit super eum ;
vos autem omnes fratres circumdedistis eam sicut filii et adstitistis
ei ; et [3] docebat vos sicut magister et vobis dicebat : 'Beatus est homo
30 qui non ivit in-consilio impiorum et [3] in-via peccatorum non stetit
et in cathedra iniquorum ⌐non sedit' [4]. Deinde igitur coepit singulos [5]

---

[4] T *add.* te. — [5] *Om.* T.

14. [1] laudabit T. — [2] *Litt.* restantes sunt. — [3] *Litt.* in-vita essendi. — [3] *Litt.* confir-
mationis. — [4] *Hic incipit* J *mutilus.* — [5] me T. — [6] *Litt.* adnumerate. — [7] quoniam
T. — [8] *Om.* T. — [9] peto T. — [10] ad Dominum T, *dubium in* J. — [11] *Litt.* ei concrucifixus es. — [12] *Om.* T. — [13] T *add.* Antiochiam.

15. [1] *Om.* T. — [2] nostra mater T. — [3] *Om.* T. — [4] *Ps.* I, 1 ; non sedit *sup. lin.* T. —
[5] *Litt.* singulum.

salutare et relinquere pacem, et vos commendabat omnes Deo. Deinde
igitur surrexit illinc [6], et habebat in-manibus crucem, et abiit coram
me monasterium versus; et vos circumvenistis me cum-hymnis
paenitentiae ». Ut autem advenit tempus migrationis [7] beatae Marthae,
venit illa ad-filium suum ut manifestaret ei totum opus suum, abscon-   5
ditum sancto Symeoni, quantumcumque fecit illa propter Deum,
qui dixit : « Orate occulte, et ego reddam vobis manifeste » [8], et ut
annuntiaret ei migrationem [9] etiam suam, quoniam proximum est
lumen animae eorum, et [10] ut commendaret sanctum filium suum
in-manus Dei qui eum selegit ab infantia [11] eius.   10

16. Et [1] nocte illa vidit visionem beata Martha; et mane adstitit
illa coram sancto Symeone et [1] narravit ei visionem illam, et ita dicebat
sancto, quoniam : « Vidi te, fili, hodie quasi in-ecclesia Daphnes, et
accesserunt ad-te quidam loci homines cum infantibus suis, et rogabant
te ut acciperent illi orationem tuam propter mortiferum morbum   15
qui erat in pagis eorum, et cum-fletu lamentabant luctu magno et
vociferabantur ad-te et dicebant : 'Transi, serve Dei, et adiuva nos'.
Et statim datum est tibi in-manus tuas vas plenum aqua, et bene-
dixisti tu illud et [2] dedisti eis, et eis dicebas : 'Aspergite istud super
vos propter mortiferum morbum qui est super vos, et dabitur vobis   20
gratia, et erit cessatio mortis ⌐quae est [3] inter vos' .

17. « Et ut hoc dixisti [1] eis, statim vidi ego, et venerunt ad-te
rustici Charandamaenses homines qui in-Iasonis ecclesia congregantur,
et sustulerunt te quasi super humeros suos et [2] abierunt. Ego autem
secuta sum te, et dicebam : 'Quidnam igitur est ⌐te huc venire [3] per   25
hanc multitudinem (hominum) ⌐qui non sciunt linguam graecam [4] ?'
Et respondisti mihi et dixisti : 'Ne tristis sis, mater, quia bonum
est hoc opus et salutare [5]'. Ascendebamus autem nos quasi super
montem excelsum, et [6] ut ivimus in-locum unum, vidi, et habebat
locus ille similitudinem sanctae huius laurae; et ut eram admirans   30
de hac re, arrepta facta sum in aeres, quasi ad-caelum ascendi ego,
et vidi ego ibi palatium unum ineffabile gloriā; et ut eram ego ibi [7]
et requiescebam in non-manufacto tentorio, venit ad-me et ⌐constitit

---

[6] *Litt.* hinc; *sup. lin.* T. — [7] *Litt.* transmutationis. — [8] Cfr *Matth.*,vi, 6,18. — [9] *Litt.* de
transmutatione. — [10] *Om.* T. — [11] T *add.* ipsa.

16. [1] *Om.* T. — [2] *Om.* T. — [3] *Om.* T.

17. [1] dixit T. — [2] *Om.* T. — [3] *Litt.* tuus huc adventus. — [4] *Gr.* ἀγροίκων ! — [5] *Litt.*
vitale. — [6] *Om.* T. — [7] *Litt.* in ibi; ibi in eo T.

coram me [8] omnino sancta virgo domina mater Domini, et angeli
duo erant cum ea, quorum vultus erant splendidi, et dixit domina
omnium [9] ad me : 'Propter quid miraris hoc ?' Ego autem cum-timore
et gaudio magno respondi quoniam : 'Nunquam vidi ego, domina,
in-vita mea super terram huiusmodi gloriam'. Et [10] rursus respondit
mihi et mihi dixit : 'Et [10] propter quem cogitas tu pulchritudinem
hanc tantam [11] esse ?' Ego autem dixi quoniam : 'Non scio ego [12].'
Et [12] rursus respondit mihi : 'Ignorasne [13] praeparatam tibi praevie
gloriam et requiem in qua est habitatio tua abhinc et in-saeculum ?
Nam hoc est palatium quod aedificavit filius tuus in caelis'. Et statim
annuit angelis duobus sancta domina qui erant cum ea, et ⌐posuerunt
sellas [14] quasi in-medio palatii pulchri ; et dixit mihi domina : 'Ecce
est donatus tibi ⌐honor hic [15], et esto tu habitans in hoc (loco) ⌐propterea
quod [16] timebas tu a Domino et honorabas tu ecclesiam eius'.

18. « Et [1] ut gaudebat et laetans erat anima mea super verba haec
quae dicebantur ad me, rursus dixit mihi mater Domini : 'Quoniam
igitur admirans es tu super verba haec, transi, sequere me, et videbis
tu maius ⌐quam-hoc [2] '. Et [3] subito arrepta sum ego quasi in-altitudinem
altius quam-in-caelum caelorum ; et vidi ego [3] ibi aliud palatium
mirabile [4], quod valde [5] pulchrius quam-palatium illud erat et glorio-
sius. Ut autem vidi ego ineffabilem [6] ornationem gloriae eius, timui
ego [7] et [5] animae defectioni quasi tradita sum ; et ⌐fortificavit me [8]
domina et mihi dixit : 'Hoc etiam palatium filius tuus aedificavit ;
ne timeas tu, et incepit ille tertium etiam aliud (aedificare), posuit
iam [9] ille fundamenta ⌐eius etiam [10]'. Et rursus illinc per-potentiam
spiritus adduxit me orientem versus solis, et ostendit mihi ab-altitudi-
ne desuper paradisum et diversoria misericordium et timentium
Deum, feminarum et virorum, et dixit mihi : 'Donavit Dominus eis
habitationem hanc, (dicens) quia : Beati sint misericordes, quia illi
misericordiam-consequentur [11]. Nunc igitur descende tu abhinc
et rursus reverteris huc'. Et ut levavi ego oculos meos, vidi [12] scalam
cuius caput erat usque ad caelum, et [13] incepi et deorsum-veni sine-
labore ; et statim reddita sum rursus menti meae ».

---

[8] *Litt.* constitit inter me ; posuit me A, permansit me J. — [9] sanctorum T. — [10] *Om.* T.
— [11] huiusmodi T. — [12] *Om.* T. — [13] *Litt.* ignara esne ; -ne *om.* T. — [14] *Eras. et corr.*
in statuerunt me *m²* T. — [15] palatium hoc A. — [16] *Litt.* loco eius quod, *gr.* ἀνθ᾽ ὧν.

18. [1] *Om.* T. — [2] *Sup. lin.* T. — [3] *Om.* T. — [4] T *add.* valde. — [5] *Om.* T. — [6] *Litt.*
innumerabilem. — [7] valde T. — [8] me fortificavit T. — [9] *Litt.* igitur. — [10] etiam eius
J. — [11] consecuti sunt A. — [12] T *add.* ego. — [13] *Om.* T.

19. Hoc narravit sancto [1] die dominica; et [2] permansit illa ibi in oratione et communicavit divinis et incorruptibilibus mysteriis, et [2] perfecte certior facta est illa. Et crastina die, quae est feria secunda, advocavit illa fratres omnes et coram eis omnibus dixit sancto Symeoni : « Pax tibi, fili, a Christo rege et Deo, qui selegit te salvator et [3] liberator 5 et pater noster; tu igitur dilexisti ⌐filium Dei [4], et ille [5] te confirmet in-loco hoc tuo et custodiat te in immaculata fide eius inconcusse et indeclinabiliter; videant igitur oculi tui pleni gratia locum tuum, et plantet tibi Dominus plantationes spiritales et [6] electas, discipulos tuos qui obtemperent tibi cum-puritate et veritate. De defunctis [7] 10 autem ne fleas tu, quia ecce ego etiam mater eorum sequor eos pone; fortificet Dominus qui restant [8] et multiplicet eos Dominus [9] usque ad adventum suum et totius restitutionem; nam magnificata est anima mea inter feminas, quod sine-scandalo et perfectum commendavi te in-manus Dei [10] qui suscepit te et te selegit [11] ab-infantia ipsa 15 tua, cui etiam gratus fuisti firme. In-diebus igitur meis nunquam assensi ego laudare te, quia timebam ego [9], propterea [12] quod magna pedica est altitudo mentis et superbia [13].

20. « Nunc igitur audi me, fili, ⌐quem magnificavit ille [1] qui magnificatus est a te, Christus Deus noster, rex aeternus; commemorationem 20 meam fac tu semper, in orationibus tuis, matris huius tuae, ut inveniam ego magnam misericordiam; roga tu pro me omnino sanctam, gloriosam, incorruptam, maxime benedictam, semper virginem Mariam, matrem Domini, ut obtineam [2] ego veniam peccatorum meorum; nam ecce manifesto tibi, fili mi, quia usque ad hodiernam diem pro 25 te rogationem Deo offerebam ego; da igitur mihi tu etiam gratiam loco gratiae, et pro me semper [3] offer tu ad illum rogationes tuas. Et nequaquam tristis sis de me, sed potius laetans sis propterea [4] quod certior-facta abeo ego [5] abhinc et laetans sum ego super divinam istam conversationem tuam et ⌐super istam [6] a Christo donatam tibi 30 salvationem [7]. Nam coram omnibus altaribus sanctis offerebam ego cum-incenso pro te orationes et rogationes, et [8] pro perseverantia tua cum-lacrimis rogabam ego [8] indesinenter Deum, et in-omnem

---

19. [1] *Vel* sanctae; T *add.* Symeoni. — [2] *Om.* T. — [3] *Om.* T. — [4] Deum T. — [5] T *add.* igitur. — [6] *Om.* T. — [7] *Litt.* praeteritis. — [8] *Litt.* restantes sunt. — [9] *Om.* T. — [10] eius AJ. — [11] AJ *add.* Dominus — [12] *Litt.* propter hoc. — [13] T *add.* vana.

20. [1] qui magnificavit te T. — [2] *Litt.* occurram. — [3] igitur T. — [4] *Litt.* propter hoc. — [5] *Om.* T. — [6] *Om.* T. — [7] salutem T. — [8] *Om.* T.

domum oratoriam [9] sanctorum martyrum studiosa eram pro te ire [10]
et rogare martyres Christi Dei nostri ut deductores [11] tibi sint illi
omni tempore. Et [12] omnem hominem sanctum honorabam [13], ut
pro te orarent ad Deum, propter quod etiam dolores mei et studia
ut-fructus grati oblata facta sunt coram omnium confectore Deo
pro perfectione tua. Nam vidi ego permagna opera apud te, quorum
non est numerus; sed nihil volui usque ad hoc tempus manifestare
tibi istiusmodi, ut non sperares tu in-te ipsum, sed datori illius [14]
omnis gratias-ageres tu Christo Deo, qui potest maioribus adhuc
bonis dignum facere te.

21. « Auditus mei pleni facti sunt sapientia quam accepisti tu a
Deo, qui [1] ⌐incultus et indoctus⌐ [2] eras a mundo. Corona igitur gloriationis
plexa est tibi super caput tuum per-manum potentem et excelsam
quae ⌐induit tibi [3] gloriationem suam, laudem et pulchritudinem.
Nam quantumcumque volui, totum vidi apud te, et plus etiam quam-
voluntatem meam. Iam non est dolor et [4] tristitia nec gemitus deinceps,
quia non frustra currebam ego nec frustra laboravi. Ne contristent
te, fili, ⌐te rogo [4], consilia stultorum, neve turbatus sis tu de increduli-
tate quorumdam, sed potius ora et gratias-age tu filio Dei vivi, qui
per-infinitam philanthropiam suam ad-tantam humilitatem venit
sponte sua, et dicebat ille de crucifigentibus se : 'Pater, eis dimitte,
quia non sciunt quid faciant' [11]. Alis igitur instructa, sum praeparata
cum-gaudio ascendere ad-caelum, sicut te etiam vidi ego ascendentem,
cum esses infans, in visione. Ecce igitur commendo te Domino [6]
gloriae, quem dilexisti tu et dilectus factus es ab eo, ut ille ipse solus
benignus, cui es concrucifixus, sine-scandalo custodiat te; nam non
cognovisti mundum propter eum nec quod est in mundo; eius autem
misericordiam quaesivisti tu, meliorem quam vitas [7], et [8] patrem et
matrem non cognovisti tu, quia Creator tuus factus est tibi pater
et mater ⌐et cognatio [9] cum omnibus sanctis suis ⌐per-fidem in-eum [10].

22. « Pauperum memento tu, quia pauper fuisti tu etiam in hoc
mundo; et tribulatos ne despicias, ut semper in tribulationibus et
doloribus constitutus per-crucem Domini; alienorum amorem ne

---

[9] oratorias AJ, orationum T. — [10] orare T. — [11] *Litt.* manum prehendentes, *cfr* § 8, n. 2.
[12] *Om.* T. — [13] honorabamus A. — [14] huius T.

21. [1] sicut T. — [2] indoctus et incultus T. — [3] confecit te T. — [4] *Om.* T. — [5] *Litt.*
per-innumerabilem. — [6] Dominus *sic* AT. — [7] *Litt.* vitalia. — [8] *Om.* T. — [9] *Om.* T. —
[10] per caritatem eius T. — [11] *Luc.*, xxiii, 34.

obliviscaris, quia tu etiam alienus a tuis es factus; deerrantibus veniam gratificare de animae defectione eorum et longanimis eis fias, quia omnes peregrini sumus super terram, et nunquam praeteribit frustra patientia pauperum in-saeculum; humilitatem indue tu, quia humilitas mortis [1] victrix facta est [2]; misericors esto semper, 5 quia misericordia a morte salvat [3]; fias igitur sapiens villicus, et munificum regem imitare; veritas tua semper sit tecum; fias orphanis pater, et loco mariti matri eorum, corde misericordi compatiens, et [4] sine-confusione et sincere suscipe eos, sicut habes tu consuetudinem semper facere propter Domini tui et regis beneplacitum; et in [5] hoc 10 etiam ⌐observa exemplum eius [6] quod orabis [7] tu pro toto mundo, et pro civitate etiam tua in qua genitus es orationem fac et (pro iis) qui habitantes sunt in ea, etsi sine-civitate propter Christum factus es tu ut ⌐concivis sanctorum [8] fieres; corde-duris veniam da propter caritatem Christi [9]; et spiritalis patris tui ne obliviscaris tu, sancti 15 Iohannis, cuius memoria sit cum-benedictione, nam dilexit te plus ⌐quam-narrabile-est [10]; ita etiam requiem pete pro corporali etiam patre tuo Iohanne, et matris dolorum memento tu coram Domino».

23. Hoc totum ita, et plus quam-hoc, verbum dixit ad sanctum; et deinde levavit manus suas in-altitudinem cum-lacrimis ardentibus 20 et timore magno, et oravit illa ita. ⌐Oratio sanctae Marthae [1]. « Christe Deus, spes omnium terminorum terrae, qui per-multam philanthropiam tuam donavisti nobis vitam per crucem tuam vivificam, Domine misericordiarum et Deus humilium, qui suscepisti meretricem et iustificavisti publicanum, tu in-quem sperabant Martha et Maria 25 ⌐et salvatae sunt [2], exaudi meam rogationem peccatricis et pauperis huius; nam scio ego quod non digna sum ego [3] adstare coram [3] gloria tua per-multitudinem peccatorum meorum, sed propter benignitatem tuam, qui advocavisti [4] peccatores ad-paenitentiam, audax facta sum ego levare hic manus meas ad-te, et [5] aspicere et experiri altitudi- 30 nem caeli ⌐ausa sum [6] ego; salutaria [7] mysteria tua accipiens [8] credidi in-misericordiam [9] tuae benignitatis, quam donavisti nobis in-re-

---

22. [1] *Litt.* morti. — [2] T *add.* et conculcavit eam. — [3] *Litt.* salvans est. — [4] *Om.* T. — [5] *Litt.* super. — [6] *Litt.* custodi discipulus esse eius. — [7] orabas AJ. — [8] civis cum sanctis T. — [9] Christi Dei T. — [10] *Litt.* quam-narratio.

23. [1] *Tit. om.* T; A *add.* Christe, miserere Georgii. — [2] *Om.* T; *litt.* vixerunt. — [3] *Om.* T. — [4] advocavit A. — [5] *Om.* T. — [6] audeo T. — [7] *Litt.* vitalia. — [8] *Litt.* accipiendo. — [9] in-studium T.

missionem peccatorum nostrorum, ut remittas mihi omnia peccata [10]
mea et mihi aboleas omnes [11] culpas [12] meas. Tu igitur Domine [13],
omnium rex, custodi et protege servum hunc tuum, qui per-nomen [14]
tuum a te sigillatus est e vulva ipsa indignitatis meae, quia te dilexit
5 solum et propter te alienus factus est ab universo [15]. Permaneat
igitur caritas tua cum eo, salvet eum a malo daemone ⌐et a pedicis
eius [16]; et ne-iam inducas eum, Domine [17], in temptationem, et eripe
eum ab undis huius mundi, salvator omnium sperantium in-te, quia
totum reliquit ille et [17] suscepit crucem suam et secutus est te toto
10 corde suo, ut intelligentiam acciperet illae tuae philanthropiae mandatorum. Tu, Domine, donavisti mihi illum, et ego obtuli (eum) coram
te ut-oblationem ⌐gratiosam; gratum [18] tibi dignum fac et salva [19]
eum cum omnibus sanctis tuis; quia ad te est tota spes mea, et tibi
gloriam offerimus, nunc et semper et a-saeculo ad-saeculum. Amen ».
15 **24.** Et [1] ut oravit ita, conversa est beata ad sanctum; erat autem
vultus eius gloriosus a gratia divina; et dixit illi : « Ecce dies advenit
meae ad Deum profectionis; sed notifica mihi, fili, ubinam deponetur
a te pauper hoc et peccator corpus meum, quia non est in-hoc loco
sepulcrum ». Sanctus autem Symeon respondit ei et dixit : « Misericors
20 sit tibi, mater, Dominus [2], et non sit hoc [3] tibi adhuc. Nos autem
locuti sumus de hac re cum fratribus meis, consilium fecimus [4] et
bonum videbatur nobis [5] omnibus unā ut aedificaremus tibi domum
sanctitatis et ibi deponeretur corpus tuum ». Beata [6] autem Martha
respondit ei : « Hoc verbum pro me gravans est valde et onus aegre
25 portabile [7]; ero igitur misericordiam-consecuta et alleviata quando
audiet Deus rogationem meam ut cum alienis sepeliar ego in-alienorum
sepultura quae est in-Daphne, ubi etiam sepultus est beatus et sanctus
Thomas et post tertiam diem glorificatus est ille miraculo, nam non
assensit ille cum similibus mihi [8] peccatoribus esse omnino [9], sed
30 magno honore induxerunt eum in-magnam civitatem Antiochiam.
Ego igitur propter illius beati orationes desidero ⌐illum locum [10],
quia eulogia est illic [11] gratia eius et fratrum meorum qui illic [11] sepulti
sunt, quorum uligine [12] peto ossa mea pinguescere, indigna haec, ut

[10] culpas T. — [11] *Om.* T. — [12] peccata T. — [13] *Om.* T. — [14] per-sanguinem A. — [15] *Litt.*
omni. — [16] et ... eius *om.* T. — [17] *Om.* T. — [18] gratiosum et gratum JT. — [19] *Litt.*
vivifica.
24. [1] *Om.* T. — [2] Deus T. — [3] *Om.* A. — [4] feci AJ. — [5] *Sup. lin.* T ; T *add.* ita. —
[6] T *add.* sancta. — [7] *Litt.* onerosum. — [8] *Litt.* meis. — [9] *Litt.* perfecte. — [10] *Litt.* de illo
loco. — [11] *Litt.* illinc. — [12] *Litt.* ex uligine.

salutem obtineam ego per illos. Sed commenda me, fili, Deo, ut faciam
voluntatem meam ».

25. Super haec igitur verba tristis factus est sanctus Symeon valde,
et non voluit ille haec verba audire, et coepit [1] verbis consolationis et
decenter orabat eam ut non confirmaret illa propositum suum de ₅
hac re ; nam non volebat ille abesse eam a suo monasterio, et praesertim
quod sciebat ille a principio ascesin beatae. Aegre igitur conticuit
(Martha) [2] paululum tantum, ut non ampliori traderet eum tristitiae ;
et [3] rursus levavit illa manus suas, et coepit rogare Deum, et commendavit ferventiore corde agnum suum immaculatum et fratres eius ₁₀
Christo Deo, ut custodiret et protegeret (eos) omnes innoxios ab
inimici laqueis, et ut duceret eos secundum voluntatem suam in-omni
via suorum mandatorum ; et de sepulcro etiam suo rogavit illa Deum
ut ubi desiderabat ibi fieret depositio eius, et ut non privaretur illa
mercede, cum alienis sicut una ex eis deposita [4]. ₁₅

26. Et ut oravit illa ita (hoc) totum, conversa est et salutavit sanctum Symeonem magnum et omnes fratres, et [1] reliquit eis [2] pacem
aeternam. Et abiit festinatione magna ut iret illa ad-agrum qui Tiberini
vocabatur ; sicut tribus stadiis circiter [1] erat ille prope monasterium.
⌐Ad orandum [3] autem intravit [4] illa in-beati et sancti patris Iohannis ₂₀
monasterium ; tempore autem ivit illa sanctae liturgiae ; benedixit
igitur iustum et [5] fratres et monasterium, et dixit : « Ut cogito, non [6]
videbitis me deinceps in-carne » ; et inclinavit illa caput suum et
orationem ⌐eorum omnium [7] accepit, et abiit in-supra memoratum
agrum Tiberini, nam ducebat eam ille qui-ducebat eam ad propositum [8]. ₂₅
Intravit igitur illa in-prius memoratam sancti Baptistae ecclesiam,
et orationem suam perfecit ; statim reverti in-monasterium non-iam
potuit illa, nam subito concidit infirmitate et non-iam unquam potuit
ambulare. Incolae autem illius loci orabant eam ut permaneret in-loco
et requiesceret a labore ; beata autem oboedivit eis ⌐et permansit [9] ₃₀
illa die apud eos. Erat igitur [10] ⌐feria-secunda dies illa [11].

27. Feria autem tertia gravior erat, et [1] coepit orare et rogare Deum [1]
pro sancto Symeone ; mentem igitur suam sursum exaltavit illa et

---

25. [1] *Delendum videtur.* — [2] T *add.* valde. — [3] *Om.* T. — [4] *Litt.* in-depositione.
26. [1] *Om.* T. — [2] illa T. — [3] *Litt.* propter orationem. — [4] T *add.* beata. — [5] *Om.* T. —
[6] iam-non T. — [7] ab eis omnibus T. — [8] T *add.* eius. — [9] permansit igitur T. — [10] *Om.* T.
— [11] dies illa feria-secunda T.
27. [1] *Om.* T.

oculis spectabat ad Montem Admirabilem, quia rursus desiderabat
illa videre servum Dei. Et est ⌐valde mirabile [2] quomodo nemo com-
pererit et intellexerit ex eis qui ibi erant, ut quidam esset profectus
cursu ad-notificandum sancto Symeoni; sed hoc etiam per-dispositio-
5 nem ⌐factum est Dei [3], quia voluntatem timentium se faciet Dominus
et orationes eorum audiet [4], ut desiderium eius de depositione corporis
eius in-loco in-quo voluit perficeretur; propter hoc etiam abscondit
Deus a servo suo haec [5]. Quidam autem cogitaverunt ⌐bonum aliquid
facere [6], insidere-fecerunt eam super iumentum et abduxerunt eam [7]
10 post duas dies in-Daphnen, ubi ⌐cupiebat sepeliri [8]; et reclinaverunt
eam in-cella eius in qua a diuturno tempore habitans erat, in-benedicta
domo. Ut autem paucum tempus praeterivit, sustulit beata Martha
oculos suos ad-caelum et levavit manus in-altitudinem ad Deum,
et gratiarum-actionis hymnum obtulit cum-lacrimis fervidis et dixit :
15 « In-manus tuas commendo spiritum meum, Domine Deus meus » [9];
et ut dixit hoc, subito commendavit spiritum suum in-manibus sanctorum angelorum.

28. Congregati sunt autem omnes incolae Daphnes, regulares et
sacerdotes ecclesiae et sepeliverunt eam, sicut ipsa mandaverat illa,
20 vestibus suis sicut descenderat a-Monte Admirabili; involverunt
eam obvolventi alba sindone, quia ita erat cupido eius de sepultura
eius; et [2] abduxerunt eam cum-psalmis et canticis spiritalibus; et
sepeliverunt [3] (eam) in sepultura alienorum, in loco qui vocatur
Elephantona, ubi antea sanctus pater Thomas sepultus erat, sicut
25 prius etiam memoravimus de hac re. Transegit autem ibi corpus
sanctae Marthae feriam quartam et [4] feriam quintam et parasceven.
Tum igitur servus Dei Symeon in visione noctis vidit quod dexteram
versus pallii eius erat stans beata Martha, et [4] ter extendit manum
suam et attigit eum ut eulogiam acciperet ab eo. Et subito advocavit
30 sanctus Symeon e fratribus quosdam ⌐et dixit eis [4] : « Domina mea
magna est defuncta ». Respondit autem unus ⌐aliquis e fratribus [5],
nomine Paulus, et dixit sancto Symeoni :« Rogo te, pater, nobis praecipe
ut excidamus e lapide loculum ut [6] in eo deponatur sanctum corpus
eius ubicumque volet tua sanctitas ».

---

[2] mirabile valde T. — [3] Dei factum est T. — [4] *Ps.* cxliv, 19. — [5] *Litt.* hoc. — [6] *Litt.*
quoniam bonum aliquid faciebant. — [7] *Om.* T. — [8] *Litt.* quaerebat sepulturam suam. —
[9] *Luc.,* xxiii, 46.

28. [1] *Litt.* condiverunt. — [2] *Om.* T. — [3] *Litt.* conservaverunt. — [4] *Om.* T. — [5] *Om.*
A. — [6] et T.

29. Et ut dicebant adhuc illi hoc, venit aliquis homo Syrus [1] et [2] nuntiavit eis per-interpretem quoniam vere obdormivit beata Martha; erat autem hora octava diei parasceves. Statim autem praecepit sanctus Theophilo cuidam monacho [3] e fratribus ut abduceret secum laicos e multitudine quae ibi erat, potentes baiulare, et abirent [4] illi [5] Daphnen, et [5] ut reliquias ⌐sanctas illius sanctae [6] adduceret [7]. Per-dispositionem autem divinam homo aliquis, nomine Epiphanius, Charandamensium pagi [8] ivit [9] Daphnen in-tempore hoc et audivit ille [10] quosdam [11] qui dicebant quoniam : « Tertia dies est hodie a qua beata Martha est defuncta, iusti Symeonis mater ». Et festinanter [10] abiit ille illinc, et invenit omnes sui vici homines in Iasonis ecclesia, et nuntiavit eis [12] totum de beata Martha. Gratia autem Dei super illos omnes infusa est, et omnes uno ore consenserunt et dixerunt ad [13] invicem : « Gratia magna est donata nobis; abeamus igitur et abducamus eam ⌐apud sanctum Symeonem servum Dei [14] ». Et statim [15] [15] abierunt omnes Daphnen; et ut ibant illi inter Daphnen, omnes dicebant eis : « Magnam matrem sancti Symeonis beatam Martham abducitisne? ». Sepultor autem eius lecticarius (*lek'tarios*) per-dis-positionem Dei occurrit eis super viam et dixit eis : « Ego igitur veniam et ostendam vobis beatam [16], ne forte [17] aliam aliquam tollatis pro [20] illa, e multitudine eorum-qui-sunt ibi, e mortuis ». Et gratias-agebant Deo propter hanc rem; et notificaverunt hegumeno [18] totum, qui per-benedictionem Spiritus sancti praecepit eis perficere bonum illud opus.

30. Ut autem aperuerunt sepulcrum, intraverunt duo quidam ex [25] illis, nomine Iohannes et Marinus, fideles [1], et sustulerunt illam ⌐ostendente lecticario [2] (*lek'tari* [3]), et [4] eduxerunt sanctam et beatam Martham e loco illo intactam [5], incommotam, odore suavi, non-affectam [6] vermibus ⌐neque ulla [7] corruptione, et [8] (hoc) tempore aestus timendi, quia erat Iulii mense octava dies; sed nullum (ei) appro- [30] pinquaverat omnino e repentibus pinguibus [8], neque ex innumerabili multitudine muscarum attigerat (eam) una. Nam gratificatus est

---

29. [1] *Gr.* ἄγροικος. — [2] *Om.* T. — [3] T *add.* homini sancto. — [4] abierunt A. — [5] *Om.* T. — [6] sanctae martyris T. — [7] adducerent T. — [8] *Litt.* agri. — [9] venit J. — [10] *Om.* T. — [11] *Litt.* a quibusdam. — [12] ei A. — [13] *Om.* T. — [14] apud servum Dei sanctum Symeonem T. — [15] *Om.* T. — [16] T *add.* Martham. — [17] quidem T. — [18] *gr.* τῷ ἡγου-μένῳ « ducenti ».

30. [1] T *add.* homines. — [2] *Litt.* ostensione lecticarii. — [3] lek'tori T. — [4] *Om.* T. — [5] T *add.* et. — [6] *Litt.* « non approchée ». — [7] *Litt.* et omni. — [8] *Om.* T.

Deus sanctis etiam reliquiis eius gratiam hanc. Et [9] baiulaverunt
eam cum-gaudio magno occasu circiter solis, et abierunt festinanter.
Multi igitur [10] in-via sequebantur reliquias beatae cum-pueris et
mulieribus, cum-lucernis et incensis, et [11] quidam ad-finem etiam
5 comitabantur eam usque ad monasterium sancti [12].

31. Missi autem illi cum Theophilo fratre occurrerunt eis in-media
circiter via euntibus; et [1] mirabantur illi et benedixerunt eorum
fidem et opus gratum Deo. Studiosi igitur fuerunt illi etiam e [1] sanctis [2]
reliquiis eius [1] benedictione (*evlogia*) digni esse; et baiulaverunt
10 cum ipsis arcam beatae et ita ambulabant cum-gaudio; propter
quod etiam valde leve apparebat eis corpus beatae sanctum [3];
propter hoc etiam certiores facti sunt illi quoniam divinae po-
tentiae erat opus illud. Et adduxerunt illud ad-monasterium; unā
cantabant et [4] psallebant et ⌐glorificabant Deum [5]; et [4] ut intra-
15 verunt intra saeptum, reposuerunt illud coram columna sancti Symeonis servi Dei. Et ⌐licebat videre lacrimas multas [6] multitudinis totius [7],
et tristitiam [8] magnam et vocem [9] lamentationis, et gratias-agebant
Deo qui spectabant huiusmodi zelum divinum omnium et certitudinem
magnam; nam omnibus sicut mater multis-modis benefica defecit eis,
20 et huiusmodi ferventi corde dolebant ⌐de-illa beata [10]. Coeperunt
igitur et perfecerunt vigiliam et [11] Deo gratiarum-actionem obtulerunt;
et coeperunt excidere loculum in-dextera parte columnae in concha
(*kunk'i*).

32. Nocte autem illa ex aere a-superiore parte sanctae columnae,
25 quasi diruptus est [1] paries et visa est sancta Martha prodiens illinc
et stetit [2] coram-duobus illis fratribus de quibus datum est mandatum
sancto. Illi [3] autem timore magno apprehensi facti sunt quia sciebant
⌐mortuam-esse eam [4]; et dixit beata eis : « Ne timeatis [5], quia non
adnumeravit me Dominus cum mortuis, sed (cum) vivis; nam ecce
30 spectatis me innoxiam custoditam, et praeter vestium mearum humi-
ditatem aliud nihil attigit me, et illud ipsum [6] ab ibi iacentibus mortuis
factum est ubi deposuerunt me. Veni autem ego ut annuntiem [7] vobis

---

[9] *Om.* T. — [10] posteriores T. — [11] *Om.* JT. — [12] T *add.* Symeonis.

31. [1] *Om.* T; beatae *loco* eius T. — [2] *Sup. lin.* T. — [3] sanctae T. — [4] *Om.* T. — [5] Deum
glorificabant T. — [6] *Litt.* erat visio lacrimarum multa. — [7] omnium T. — [8] *Litt.* (erat)
tristitia. — [9] *Litt.* (erat) vox. — [10] de-beata illa T. — [11] *Om.* T.

32. [1] esset J. — [2] *Litt.* permansit. — [3] ille AJ. — [4] *Litt.* mortem eius. — [5] T *add.*
ne timeatis *iterum.* — [6] *Litt.* etiam. — [7] *Litt.* evangelizem.

vitam, ut caute vivatis et victores fiatis daemonum [8] et [9] ut non
illiciamini eorum [10] malignitatibus». Et ut dixit hoc illis fratribus,
subito abscondita est ab oculis eorum. Et ut illuxit dies illius sabbati,
congregata est multitudo populi, sacerdotum et [9] diaconorum et
regularium, et circumdederunt illi arcam illius beatae, ⌐neque ullus [11] 5
edebatur [12] eis [13] foetor ex illa, praesertim in-aestu timendo solis [14];
propter quod etiam admirabantur [15] illud et glorificabant Deum;
et circumdederunt (eam) et cantabant usque ad septimam horam
diei; et [16] ita cum-honore et gloria reposuerunt ancillam Dei in loculo
quem exciderant fratres; et perfecerunt super eam secundum ordinem 10
officium et [16] obtulerunt sanctam et incruentam hostiam pro illa.

33. Post autem dimissionem ab-ecclesia et ⌐gratiarum-actione
perfecta [1], venerunt rustici Gandigorae cum Theodoreto presbytero
suo et [2] cum omnibus fidelibus et regularibus, et [2] studiosi erant
ut participarent illi etiam benedictioni (*evlogia*), quibus saepe per- 15
magnas curationes et prodigia [3] donavit Deus per servum suum
Symeonem. Ubi autem invenerunt beatam repositam, rogabant
sanctum ut permanerent ibi et perficerent illi [2] vigiliam, ut illi etiam
acciperent orationem sanctae et beatae Marthae; annuit [4] autem
iustus Symeon petitioni eorum; et ut perficiebant illi divinum hymnum, 20
cum coeperunt, Iohannes aliquis nomine, (unus) ex eis, lector [5], homo
gratus et [6] magna fide plenus, qui multis infirmis causa curationis
erat factus per [7] orationes et rogationes sancti Symeonis et per eum
illi datas eulogias, vidit ille puritate spiritus vigil quod sancta Martha
ascendebat in-columnae [8] scalis iusti Symeonis; in concha (*konkʻi*), 25
autem a-superiore parte loculi eius, vidit sicut similitudinem sex [9]-
alis-praeditorum animalium quasi volantium super currum rotae;
sedentem autem super illa non vidit; et voluit ille ut manifestius
quidem videret, quia cogitabat ille quoniam : « Numquid igitur
fictio aliqua erit? »; et ut ivit ille propinque, statim non-ap- 30
parens facta est ab eo visio illa [10]. Ut autem redditus-est qui-

---

[8] daemonis T. — [9] *Om.* T. — [10] *Litt.* ab eius mal. — [11] *Litt.* neque unus quidam. —
[12] *Litt.* dabatur. — [13] *Om.* T. — [14] T *add.* et. — [15] *Litt.* admirabantur illi. — [16] *Om.* T.

33. [1] *Litt.* in-gratiarum-actionis perfectione A (perfectionis J), in-gratiarum-actione
perfectionis T. — [2] *Om.* T. — [3] *Litt.* potentias. — [4] *Litt.* oboedivit. — [5] AJ *add.* erat,
T *add.* libri. — [6] *Om.* T. — [7] AJ *add.* sanctas. — [8] in-columnam JT. — [9] auri T. —
[10] T *add.* admirabile lumen divinum.

dem ille ⌐animo suo [11], timore magno ⌐et tremore [12] apprehensus
abiit et nuntiavit totum sancto Symeoni, iuramento magno con-
firmabat ille visionem. Servus autem Dei dicebat ei : « Gratias-age,
fili, ⌐et glorifica tu Deum [13], quia gratiam invenisti tu videre sancta
5 animalia per illum qui sedens est super currus cherubim, qui venit
ad-hymnum et rogationem ad eum (factam), et sanctificavit ille
reliquias ancillae suae ; nam et ego et illa in peccato fuimus concepti [14],
et necessaria nobis erat ab eo (data) remissio et purificatio, stantibus
in-aulis domus Dei nostri ».

10   **34.** Et ut hoc dixit sanctus, omnes adhuc stabant [1] in hymni officio [2]
et perficiebant illud ; respexit (eos) sanctus et vidit daemones qui
perficiebant adiutorium quoddam secundum malignitatem suam ;
nam nonnulli stantes erant prope nonnullos, et alii in-membra eorum
descendentes erant et habitabant inter eos [3] ; et erat numerus huius-
15 modi (daemonum) valde magnus [4] ; comminatus est autem eis sanctus [5],
stans super columnam, et advenit subito gratia spiritus divini de-caelo
et dispersit illos ab eis et effugavit. Et advocavit sanctus prius memoratum Iohannem et interrogavit eum quousque pervenisset morbus
mortifer qui saeviens [6] erat tempore illo ; nam erat ingens [7] mors
20 hominum in-anno illo. Et respondit ille et dixit ei : « Sancte Dei, usque
ad nostrum pagum et (eum) qui ⌐propinquus nobis [8] est, vicus [9]
Bethocobaeorum (*met'okobelni*) ». Et dixit ei sanctus : « Ecce salutaris [10]
vobis est dies haec quae apparuit a Domino, et [11] cessabit a vobis
mors et pestilentia et a proximis vobis vicis [12] ; et [11] tu esto testis
25 meorum horum [11] verborum [13] ». Et factum est ita, nam statim cessavit
ab omnibus domibus vox lamentationis et luctus.

   35. Erat igitur istiusmodi pestilentia mortis et corruptionis in-
Charandamensium [1] etiam pago, et magna [2] multitudo iacebat [3]
in pago morbo illo apprehensa ; et [4] iacentes [5] rogabant Deum ut
30 obtinerent illi sanitatem ; et [4] ut erant illi in hoc (malo), viderunt
quidam ex illis quod reliquias sanctae [6] Marthae cum-lucernis et

---

[11] *Litt.* cognoscentiae suae. — [12] *Om.* T. — [13] tu Deo et glorifica (eum) T. — [14] AJ *add.*
facti.

   34. [1] *Litt.* steterunt. — [2] *Litt.* ordine. — [3] *Vel* ea. — [4] *Litt.* multus. — [5] T *add.* sanctus.
— [6] *Litt.* ens (« étant »). — [7] *Litt.* potenter. — [8] nobis propinquus T. — [9] *Litt.* ager. —
[10] *Litt.* vitalis. — [11] *Om.* T. — [12] *Litt.* agris. — [13] verborum horum T.

   35. [1] Taran- T. — [2] *Litt.* multa. — [3] *Litt.* posita est AJ, locata est T. — [4] *Om.* T. —
[5] *Litt.* locati. — [6] *Sup. lin.* T.

incensis quidam baiulabant [7] et in illo pago ducebant et in (pagis)
propinquis ei [8]. Et statim visionem firme res [9] secuta est [10], et iam-non
quisquam traditus est ⌐ex illis ibi istiusmodi morbo, et [12] qui erant
apprehensi praevie sanati sunt omnes per-Dei gratiam et beatae
Marthae intercessionem. Erat autem aliquis homo unus, Sergius [5]
(*sergis* [13]) nomine, filius Antonii curatoris, (qui) recusabat semper
⌐omnino mortuo appropinquare [14], quia abominandum aestimabat [15] ille
omnem hominem mortuum; hoc idem igitur de reliquiis etiam [16] beatae
fecit ille : non appropinquavit neque humeris baiulavit. Subito igitur
hora ipsa febri violenta [17] apprehensus fuit [18] ille et permansit in tri- [10]
bulatione magna ⌐propter morbum [19]; mutus igitur [20] factus est
ille [20] et immobilis; ita igitur transegit ille dies triginta [21]. Multi
igitur rogabant servum Dei pro illo; et [20] pater eius et mater proster-
nebantur coram sancto et evellebant capillos capitis sui et [20] orabant
sanctum et petebant adiutorium pro filio suo; et [20] propinqui [22] [15]
eius et fratres vociferabantur vehementer [23] ⌐et lamentabant [24];
sed in-tempore illo ⌐nullum quidem [25] levamentum obtinuit aegrotus.
Deus autem per-intercessionem sancti misericordiam fecit, et data
est aegroto potestas confitendi; et confessus est et dixit quoniam :
« Non assensi ego [26] baiulare reliquias sancti Symeonis matris, et ideo [27] [20]
traditus sum ego temptationi huic; et si non festinabitis ut detur
mihi venia a sancto, ecce pereo ».

36. Hoc igitur audierunt genitores eius et qui stantes erant apud
eum; subito abierunt cursu et astiterunt [1] coram sancto Symeone,
et cum-rogatione petebant illi veniam pro eo-qui-peccavit. Misertus [25]
est autem eorum sanctus et respondit eis [2] : « Abite et invenietis vos
illum lenius-habentem; nam non mihi est concessum perfectam
sanitatem donare ei, sed reliquiarum beatae est gratia haec per Dominum ». ⌐Cum autem [3] reversi sunt homines, invenerunt illum lenius-
habentem sicut dixerat [4] sanctus, et sustulerunt eum festinanter [5] [30]
et duxerunt et deposuerunt coram loculo beatae Marthae; et coepit

---

[7] *Litt.* baiulaverunt. — [8] eis T. — [9] *Litt.* opus. — [10] *Litt.* secuta est pone. — [11] ibi
ex illis T. — [12] *Om.* T. — [13] saberič *sic* T. — [14] *Litt.* ab omni sollicitudine mortui
appropinquationis. — [15] *Litt.* adnumeravit. — [16] *Sup. lin.* J. — [17] *Litt.* quali; *cfr*
§ 39, n. 6. — [18] *Litt.* factus est. — [19] *Litt.* e morbo. — [20] *Om.* T. — [21] xxx A. —
[22] *Litt.* sui. — [23] *Litt.* potenter. — [24] *Om.* T. — [25] *Litt.* neque unum aliquod. — [26] *Sup.
lin.* T. — [27] *Litt.* per-eius (causam), *cfr* § 54, n. 8.

36. [1] permanserunt T. — [2] *Om.* T. — [3] et cum T. — [4] praeceperat T. — [5] cum-festinatione T.

cum-fletu confiteri et [6] quaerebat veniam et dicebat : « Condona
mihi culpam meam, mater sancti servi Dei, et deinceps iam-non
excusabo-me a reliquiis cuiusquam ». Et ut erat ille in oratione hac,
comperit spiritus impurus veniae gratiam donatam a-Deo [7] per-beatae
Marthae intercessionem homini illi ; et subito exivit ille ex auribus [8]
eius, et [9] statim erectus est ⌈homo ille [10] sursum et surrexit integer
et [9] sanatus [11], glorificabat Deum cum omnibus quicumque erant
ibi ⌈et quicumque audierunt hoc [12]. Ut autem dederunt illi gratiam
Deo et abierunt, ecce alii quidam e-Gandigorensium pago congregati
sunt et vigiliam magnam perfecerunt tricesima die beatae dormitionis,
et postera [13] die perfecerunt pro ea liturgiam et abierunt.

37. Fidelis autem Iohannes, qui prius memorata dignus factus
est visione, hic ⌈nactus est [1] tempus opportunum et occulte ab omnibus
coepit orare et dicebat ita : « Christe Deus servi tui Symeonis, si
cum prophetis et [2] martyribus et animabus iustorum defunctorum
complacuisti tu memoriam beatae Marthae glorificare, ostende mirabilia etiam tua per illam, ut glorificetur omnino sanctum nomen tuum
⌈per illam [3] ». Et ut oravit ita, abiit ad-suum ipsum pagum et (se)cum
abstulit ille eulogiam sanctae Marthae candelae ; et [4] ut pervenit ille
illuc, imponebat eulogiam omnibus aegrotis, et per-potentiam Domini
sanabat ⌈omnes morbos ab hominibus [5] ; et daemones expellebantur
in-toto loco illius montanae-regionis, et omnes tribulationes per-
memoriam beatae delebantur [6] illinc.

38. Experientiam autem gratiae a Deo illi donatae Iohannes et
(qui) cum eo (erant) vicani acceperunt firme (et) glorificabant et
gratias-agebant Deo. Effectus est enim [1] dolor et passio oculorum
praememorato Iohanni ita-ut [2] omnino non-iam spectare posset ;
et coepit ille cum-fletu rogare Deum, et invocabat beatam Martham
ut-intercederet [3]. Et fuit ille multis diebus insomnis prae [4] vehementia
doloris. Ore autem et corde [5] suo ferventer adiutorium a Christo

---

6 *Om.* T. — 7 *Litt.* Dei. — 8 *Litt.* auditibus. — 9 *Om.* T. — 10 *Sup. lin.* J. — 11 *Litt.* vivax-factus. — 12 et ... hoc *om.* T. — 13 *Litt.* crastina.

   37. 1 *Litt.* occurrit. — 2 *Om.* T. — 3 *Om.* T. — 4 *Om.* T. — 5 ab omnibus morbis
homines T. — 6 deletae sunt T.

   38. 1 *Litt.* igitur. — 2 *Litt.* donec. — 3 *Litt.* perfecte. — 4 *Litt.* ut-intercessorem. —
4 *Litt.* e. — 5 T *add.* suo, *erasum.*

salvatore ⁶ per beatam petebat; dormitavit ille paucum et vidit ille
martyrium beatae patefactum et ⁶ beatam Martham exeuntem ex-eo ⁷;
et venit ad-eum et ⁶ digitum suum inseruit illa oculorum eius utrique
et ⁶ crucem descripsit super ⁸ (eos) et dixit ei : « In-nomine domini
nostri Iesu Christi detur tibi sanitatis integritas; et ⁹ surge et gratias- ₅
age Deo et incensum tuis manibus aufer et turifica martyrio ubi
reliquiae meae sunt-deposita ¹⁰ ». Ut autem experrectus est homo,
surrexit et abiit ille apud servum Dei sanus omnibus membris suis;
et invenit ille dilectum ¹¹ Dei qui perficiebat cum fratribus sextae
horae hymnum ¹². Frater autem unus turibulum habebat in-manibus ₁₀
suis et ⌈volebat turificare ¹³; sanctus autem vidit hominem illum
a-longe euntem illuc; praecepit sibi dari turibulum, et omnes mirabantur opus hoc. Homo autem ille accepit turibulum et ¹⁴ abiit et turificavit
sepulcro ancillae Dei. Ut autem coeperunt fratres percontari ex
homine quidnam esset opus quod fecit ille, ille ¹⁵ narravit eis visionem, ₁₅
« propter quam etiam veni ego turificare ». Et omnes qui audiebant ¹⁶
glorificabant Deum qui dat timentibus Se huiusmodi gratiam et ¹⁷
confidentiam ¹⁸.

39. Opus igitur est ut hoc etiam dicatur ad-glorificandum Deum
qui glorificavit ancillam suam sanctam. Spectabat igitur sanctus ₂₀
Symeon fratres quod neglegenter conversabantur et non habebant
diligentiam ad accendendam candelam (*kandeli*) super loculum
beatae Marthae; nunquam mandavit eis hoc facere nec reprehendit
(eos), ut non ab infidelibus et infirmis cogitaretur ¹ quoniam quasi ²
matris suae honorem quaerens esset ille; et rursus volebat ille per ₂₅
experientiam meditari fratres ut sponte sua prompti essent illi colere ³
sanctos et (ut) non propter tribulationem quamdam vel timorem
facerent illi bonum. Statim igitur frater qui oeconomatus ⁴ (*konomo-
soba*) ⌈munere fungebatur ⁵ febribus violentis ⁶ apprehensus fuit ⁷,
propter quod ⌈prope-erat ⁸ ille ad-mortem; et ⁹ ut ⌈ad-animae exi- ₃₀
tum ¹⁰ appropinquavit ille, astitit ¹¹ ei in-visione sancta Martha et

---

⁶ *Om.* T. — ⁷ *Litt.* inde. — ⁸ ille T. — ⁹ *Om.* T. — ¹⁰ *Litt.* sedent. — ¹¹ *Litt.* gratum.
— ¹² orationes T. — ¹³ *Litt.* voluit ut turificaret. — ¹⁴ *Om.* T. — ¹⁵ *Litt.* ille autem. —
¹⁶ audierunt hoc T. — ¹⁷ *Om.* T. — ¹⁸ *Litt.* audaciam AJ, audaciarum T.

39. ¹ *Litt.* cogitabile fieret. — ² *Litt.* sicut. — ³ *Litt.* ministrare. — ⁴ oeconomi T. —
⁵ *Litt.* in-munere (*litt.* manu) erat. — ⁶ *Litt.* qualibus (gr. ἀφορήτοις); cfr § 35, n. 17. —
⁷ *Litt.* factus est. — ⁸ appropinquavit T. — ⁹ *Om.* T. — ¹⁰ *Litt.* ad-animarum ascensionem. — ¹¹ *Litt.* permansit igitur.

dixit ei : « Propter quam causam neglegentes facti estis vos et non accendistis candelam (*kandeli*) meam [12] ? Quas cogitationes meditamini [13] vos, mihi nuntia [14]; aut nescitis quoniam caeli luminis comparticeps sum ego et nihil a quoquam indigeo ego istiusmodi, nisi
5 solum pro vestra salute [15] ? Intelligite igitur et scitote quoniam gratia est data mihi comparticipem-esse caeli luminis, et credite hoc sine-dubitatione». Et habebat illa in-manibus dominici sancti [16] corporis portionem; admovit eam ventri eius et ei dixit : « Per hoc sit tibi vita et sanitas ». Et ut hoc dixit, subito absconsa est ei.

10 **40.** Frater autem ille ⌐recepit mentem suam [1] et [2] subito surrexit, et cum-lacrimis fervidis accessit ille ad-loculum beatae, ubi venerabiles reliquiae eius[2] erant depositae [3]; et [2] rogavit [4] eum ferventer, et [2] subito sanatus est ille et glorificabat Deum. Et [2] in-eadem hora noctis, esuriit ille, et manducavit et bibit et confortatus est. Et [2] statim
15 accendit ei [5] candelas (*kandeli*), et [2] ei gratias-agebat et dicebat ita : « Etsi valde gloriosa es ⌐mater ista nostra [6], tamen ego etiam debitum perficio, et nunquam cessabo facere hoc». Et [7] hoc dixit et abiit. Et [7] obdormivit ille bene, et [7] rursus vidit eam in-visione, vultu splendido, circumdatam a discipulis sancti, et dicebat ei ita : « Non
20 quidem vos glorificavistis me, nec filii mei causa sum glorificata, sed venit ad-me gratia illinc et glorificavit me unde exspectabam ego et [8] sustinui Dominum et [9] respexit me et audivit orationem meam [10] ».

41. Ut autem dixit hoc beata ad fratrem illum, statim pulsaverunt
25 lignum, et surrexerunt fratres ad-cantandum hymnum noctis. Et ecce homo unus e-regione Lycaoniae (*lukaoni* [1]) venit, apud quem erant daemones duo; et habebat ille annos triginta [2] a-quo plectebatur ille a spiritibus impuris; hic non poterat [3] in-choro cantorum ordinari in ecclesia vel sanctam liturgiam audire omnino, quia expellebatur
30 ille statim a spiritibus impuris e domo Dei et plectebatur; propter quod in-fletu et lamentatione erat ille quotidie. Ivit igitur in-nocte illa, et nihil ⌐cuiquam dixit [4] ille huiusmodi, quia nesciebat ille omnino

---

[12] candelas meas J. — [13] *Litt.* cogitatis. — [14] *Litt.* nuntia adhuc. — [15] AJ *add.* sum ego, *delenda.* — [16] *Sup. lin. post* corporis T.

40. [1] *Litt.* restitutus est menti suae. — [2] *Om.* T. — [3] *Litt.* « étant ». — [4] rogabat T. — [5] ille T. — [6] *In nominativo.* — [7] *Om.* T. — [8] *Om.* JT. — [9] *Om.* T. — [10] A *add.* Christe, miserere Georgii. Cfr *Ps.*, xxxix, 2.

41. [1] lokaoni T. — [2] xxx A. — [3] *Litt.* potuit; T *add.* a spiritu malo. — [4] *Litt.* cum quoquam testificatus est.

graecam linguam et [5] aliam [6] nullam quisquam noscebat praeter graecam. Astitit igitur homo ille iuxta fratres, cum cantabant hymnis divinis; spiritus autem impuri voluerunt effugare [7] eum secundum consuetudinem suam, et non potuerunt, sed altum clamabant ⌐in eo [9]. Statim igitur homo ille per divinam potentiam cursu sicut coactus [10]   5 ad-beatae Marthae sepulcrum procidit, et nesciebat ille omnino cuiusnam esset loculus ille; et [11] vultum suum super humum [12] posuit et capite terram percutiebat et vociferabatur : « Ignem specto venientem super me — ⌐hoc post(ea) cognoverunt fratres per interpretem — et loculum apertum spectabam [13] et mulierem pulchram inde exeuntem, 10 quae in-medio conchae manum suam extendit et potenter cruciabat illa [11] daemones usque ad mane et ad solis ortum [14] ». Tum igitur sua lingua gratias-agebat Deo et [11] vociferabatur et dicebat ille : « Vidi ego ancillam Dei quae salvavit me a duobus illis spiritibus malis ». Et [11] stetit ille orientem versus et levavit manus suas et [11] 15 confessus est Deum et narrabat magnalia [15] eius, sanatus [16] et salvatus a tribulatione magna ab illa hora; osculabatur igitur [17] ille sepulcrum illius beatae [18] et narrabat hoc ⌐omnibus totum [19], nam erat cum eo unus alius socius eius qui sciebat linguam graecam, et ille interpretabatur verba eius coram [20] omnibus.   20

42. Statim autem post hoc miles quidam unus Hierapolitanus a-Syria a daemone cruciabatur; et accessit ille ad-columnam sancti Symeonis, et subito expulsus est ille [1] per-potentiam invisibilem divinam et ⌐pulsus est [2] ad-sepulcrum beatae Marthae; et [3] vidit ille [4] mulierem vultu splendido quae a sepulcro fugavit daemonem 25 ex illo homine, et sicut fulgur comburebat spiritum malum gratia beatae. Et beati discipuli sancti Symeonis cum-lucernis circa illius beatae loculum stantes erant, et [5] imago dominica et incorruptibilis a-superiore parte sepulcri erat [6], quae gratificabatur beatae Marthae reliquiis gratiam curationum. Hoc totum vidit homo ille, et [5] ad- 30 sepulcrum cum-fletu procidit et [5] (illud) [7] attigit; et abiit ab illa

---

[5] *Litt.* et illinc. — [6] alius T. — [7] *Litt.* ut effugarent. — [8] *Om.* T. — [9] *Litt.* inter eum AJ, adversus eum T. — [10] coactione T. — [11] *Om.* T. — [12] terram T. — [13] hoc ... spectabam *om.* T. — [14] T *add.* plectebat beata eos. — [15] mirabilia T. — [16] *Litt.* vivax-factus. — [17] *Om.* T. — [18] T *add. inter lin.* et glorificabant Deum in-omni tempore. — [19] totum omnibus T. — [20] *Litt.* super.

42. [1] T *add.* ab ea. — [2] ivit T. — [3] *Om.* T. — [4] ibi T. — [5] *Om.* T. — [6] *Litt.* « étant ». — [7] T *add.* idem.

hora sanus, et [8] glorificabat ille Deum et narrabat omnibus mirabilia
eius et gratiam datam ancillae eius.

43. Una igitur die appropinquavit quidam e fratribus loculo sanctae
Marthae ut accenderet ille candelam (*kandeli*) eius. Neglegentiae
5 igitur et incredulitatis cogitatione apprehensus fuit [1] amens ille,
(et) ⌐potius quam accenderet [2] exstinxit ille (candelam) et cum-mur-
mure magno abiit ille inde, quia non iudicavit ⌐in-se ipso [3] quoniam
peccatum erat ⌐illud opus [4] et culpa non parva. Subito autem febri
et rigore apprehensus fuit [1] ille et laborabat vehementer [5] a tribula-
10 tione; et ut erat ille in labore magno, narraverunt de illo sancto [6]
quod ipse non ignorabat [7]; et subito interrogavit magnus Symeon
quid [8] peccavisset ⌐ut (ita) doleret [9]; nam huiusmodi gratia erat
data sancto, ut [10] sine [11] errore quodam et mandati eius transgressione
discipulis eius nullum malum accideret; propter quod etiam valde
15 iuste [12] et decenter interrogabat ille ⌐quidnam frater ille [13] peccavisset
cui accideret istiusmodi infirmitas ⌐ad-aedificationem eorum [14].
Frater autem ille non assentiebat ut confiteretur culpam suam, sed
abscondere (eam) volebat [15] ille, et paene tradebatur manibus mortis,
nam deceptus est ille sicut Achab [16] a spiritu falso; ut autem vidit
20 ille se ipsum minoratum, confessus est coram omnibus culpam suam,
propter quamnam [17] causam traditus esset ille istiusmodi periculo [18].
Et ut confessus est ille culpam suam, statim somnus venit in-oculos
eius et vidit ille beatam Martham, vultu splendido ⌐cum-gloria, inter
candidatorum [19] ⌐multitudinem intrantem [20] in-concham (*konk'i*)
52 altaris sanctae Trinitatis; et [21] ut intravit beata et oravit, reversa
est ad-eum et dixit ei : « Ecce vias duas ostendi tibi coram sepulcro
meo, e quibus una fidelium est et secunda infidelium »; et dicebat
ei : « Respice et experire tu eas ». Ut autem respexit ille vidit homines
Indos (*hindo* [22]) iracundos ambulantes [23] super viam infidelium;
30 super viam autem fidelium vidit homines splendidos et suaves qui
ambulabant ad sepulcrum beatae Marthae, et inveniebant illi fontem

---

[8] *Om.* T.

43. [1] *Litt.* factus est. — [2] *Litt.* loco accendendi. — [3] *Litt.* se ipsum. — [4] opus illud J.—
[5] *Litt.* potenter. — [6] *Dativus*; T *add.* Symeoni. — [7] *Litt.* ignarus erat. — [8] *Litt.* et quid. —
[9] *Litt.* quod dolet. — [10] *Litt.* quod. — [11] *Litt.* ante. — [12] *Litt.* iuste. — [13] *Litt.* quoniam
frater ille quid. — [14] *Litt.* in-meditationem eis. — [15] *Litt.* voluit. — [16] Achaab J. —
[17] qualem T. — [18] *Litt.* temptationi. — [19] inter candidatos cum-gloria T. — [20] intrantem
cum multitudine T. — [21] *Om.* T. — [22] ihndo A. — [23] multos T.

curationum; et docuit eum per visionem ut in-rectorum via ambulans esset ille fidelium et [24] ut exinde recederet ille a-via infidelium. Timore [25] igitur surrexit frater ille et exinde permansit sanus a morbo illo [26].

44. Alius igitur [1] e fratribus unus, nomine Iohannes, in-inoboedientiam sancti incidit, et [1] propter hoc morbo arduo et longo traditus 5 est ille. Nocte autem una in-qua putabatur [2] moriturus, cum esset iacens super grabatum, vidit ille in-visione prius defunctos fratres laetabundos propter [3] mortem illius fratris, et dicebant ei : « Nos laetantes sumus quod tu nobiscum venis »; et angelum sanctum (vidit) stantem iuxta eos, et beatam Martham etiam [4] cum eis [5] ⌜quasi 10 tristem [6] propter eius ⌜tale periculum [7]. Et vidit ille ancillam Dei quae rogabat angelum sanctum ut non educeret animam eius ab eo, sed [8] moram daret ei; et vidit ille scalam a-terra ad-caelum firmatam, et [9] portam caeli patefactam, et beatam Martham ascendentem ibi ad-lumen ineffabile; et coram Domino astitit illa et petebat pro 15 fratre illo salutem [10], et accepit illa [9] gratiam a Deo; et statim frater spe-privatus, cum spectaret, comperiebat hoc totum [11] et [12] tremuit ille et ⌜recepit mentem suam [13], et [14] ⌜redditus est [15] spiritus eius ipsi, et ⌜sanatus est [16] ille et [14] surrexit et fuit innoxius a morbo ab hora illa, et [14] ad-magnum progressum pervenit frater ille exinde [14]. 20

45. Cum igitur haec gloriosa miracula per visum illius [1] beatae fiebant, gaudebat spiritu Symeon magnus, et gratiarum-actionem Deo [2] offerebat ille. Et [1] spectabat magnus Symeon, servus Dei, diebus aliquot loculum beatae Marthae cum concha (*konk'i*) ubi erat loculus [3], quod quasi coram [4] eo transponebatur ille meridiem versus 25 in ecclesiam ab illo aedificatam, quo loco postea per-manifestationem Dei aedificavit ille ecclesiam magnam et transmutata est ibi venerabilis loculus beatae Marthae reliquiarum; et [5] spectabat sanctus [6] quasi pueros pulchros qui assistentes erant circum et cantabant pulchre et alleluia (*alelua*) loquitabantur. Ut autem cogitabat sanctus [7] 30

---

[24] *Om.* T. — [25] *Litt.*et timore. — [26] T *add.* et glorificabat Deum.

44. [1] *Om.* T. — [2] *Litt.* cogitabilis erat. — [3] *Litt.* super. — [4] *Sup. lin.* T. — [5] *Litt.* cum eis constitutam (« étant »). — [6] *Litt.* cum-tristitia quasi. — [7] *Litt.* istiusmodi temptationem. — [8] et T. — [9] *Om.* T. — [10] *Litt.* vitam. — [11] T *add.* de illo. — [12] et *om.* AT. — [13] *Litt.* restitutus est menti suae. — [14] *Om.* T. — [15] venit T. — [16] *Litt.* vivax-factus-est.

45. [1] *Om.* T. — [2] Dei AT. — [3] ille loculus T. — [4] *Sup. lin.* J. — [5] *Om.* A. — [6] beatus T. — [7] T *add.* Symeon.

seorsum [8] quidnam futura esset visio illa, manifestatum est ei quoniam
gratia est data beatae reliquiis a Deo ut praevie poneretur loculus
eius in ecclesia meridiem versus per-miracula [9] ad-glorificationem
Dei; et [8] angeli cantabant in caelis et dicebant : « Gloria tibi [10], Deus,
5 qui in altis habitans es et humilia respicis [11] ».

46. Exinde igitur ⌐nulla quidem [1] data est requies fratribus omnibus,
nam ⌐omnibus noctibus [2] adstabat beata Martha singulo ex eis et
dicebat eis ut oratoriam domum aedificarent ei et [4] ut in ea deponeretur
loculus reliquiarum eius; et [4] mandabat eis ut notificarent illi de
10 hac re iusto Symeoni, filio eius. Nam a-se ipse etiam sanctus Symeon
habebat per manifestationem [5] ab initio ipso hoc consilium [6] de hac
re; sed tacuit tempus aliquantum composite et non incepit ille opus
illud, quia parcebat ille a stultis (conceptae) vanitatis cogitationi
et ut non dicerent illi de iusto falsitatem labiis dolosis [7]; et hoc [8]
15 etiam voluit ut una ecclesia esset pro eo et pro matre simul, ut hoc
etiam opere essent indivisi invicem, quod etiam factum est ita post
aliquot annos. Omnes igitur fratres semper [9] varias [10] visiones narrabant sancto Symeoni vidisse [11] a beata; deinde igitur frater etiam
ille astitit coram sancto, cui prima manifestatio apparuerat ante
20 quattuor menses migrationis [12] eius, quam etiam narravit ille sancto,
sicut supra memoravimus [13], quoniam levavit manus sancta domina
et facta est omnino sicut crux ex auro puro [14]; hic ⌐accessit ad-sanctum [15] et inflexit genua et dixit ad eum : « Ecce ter nunc [16] est mani-
festata mihi magna Martha, et modulum ecclesiae habebat illa [17]
25 in-manibus suis triconchis (-*konk'i*), et pacem dedit mihi a Domino,
et ⌐dixit mihi [18] : 'Secundum [19] hanc speciem aedificabitur [20] sancta
ecclesia tribus conchis (*konk'i*), una concha (*id.*) ab-oriente erit et
una a-meridie et [21] una in-altera parte primae conchae (*id.*)'; et [21]
omnino totius dedit mihi typum et mandavit mihi ut omnibus vobis [21]
30 nuntiarem hoc. Ego autem recusabam ⌐hoc nuntiare [22], et illa amplius
adhuc mihi mandabat vultu splendido et dicebat ad me : 'Si omnibus

---

[8] *Om.* T. — [9] per-mirabilia T. — [10] in excelsis T. — [11] respicit T. *Ps.* cxii, 6.

46. [1] *Litt.* neque una quaedam. — [2] noctibus omnibus T. — [3] *Litt.* permanebat. — [4] *Om.*
T. — [5] experientiam T. — [6] *Litt.* notionem. — [7] Cfr *Ps.* xi, 3. — [8] ita T. — [9] saepe
T. — [10] multas T. — [11] *Litt.* videre. — [12] *Litt.* transmutationis. — [13] *Supra*, § 12. — [14] T
add. sancta Deipara. — [15] venit coram sancto T. — [16] *Om.* T; *litt.* hoc (gr. τοῦτο). —
[17] *Om.* T. — [18] mihi dixit T. — [19] *Litt.* super. — [20] aedificabit AT. — [21] *Om.* T. —
[22] *Litt.* ab huius narratione AJ, ab hac narratione T.

omnia [23] non nuntiabis, scito [24] quoniam non bonum erit tibi'; et [25] ⌐mihi dixit illa [26] et mihi abscondita est; propter quod etiam ego timui. Et ecce totum coram vobis verum nuntiavi; et testis est Deus quod verum, sicut [25] vidi, ita edixi.

47. « Propter quod etiam dubitatio ⌐inducta est [1] in mentem meam et dixi quodnam esset tantum opus eius in mundo, quod tantam gloriam et audaciam [2] obtinuisset illa. Et statim respexi ego et vidi circa loculum eius candelabra et lampades ignis quae lucebant potenter ⌐et magni [3] fulguris instar splendebant; et quidam cantabant voce mirabili, et alii alleluia (*alelua*) loquitabantur. Sanctus autem stans erat ad [4] fenestram suam et verba Davidis cantabat et dicebat de matre quidem [5] haec : 'In-via mandatorum tuorum currebam [6]', et [7] de se ipso dicebat hoc : 'Quia mandata tua elegi ego [8]'. Et ut dicebat adhuc sanctus haec verba, ecce [9] vidi ego beatam Martham stantem coram loculo suo, et [10] manus sublevavit illa ad caelum et orabat illa. Et [10] ego timore magno apprehensus fui [11] et procidi ad-pedes eius, et ita ⌐recepi ego mentem meam [12] et glorificabam Deum [13] ». Nocte autem illa istiusmodi visionem alii etiam fratres viderunt et dixerunt; propter quod etiam omnes unā inflexerunt genua coram-sancto et orabant eum ut orationem faceret ille ut inciperent aedificare ecclesiam secundum [14] illam speciem et ordinem, sicut ordinaverat beata Martha in revelatione [15] (facta) illi fratri qui dignus factus est videre illam revelationem [16]. Servus autem Dei Symeon respondit fratribus et dixit eis [17] : « Si erit voluntas Dei in hoc opere, non vos curam-agetis [18] ⌐de hac re [19]; sed fiet propter hanc etiam rogationem meam ⌐monitio mihi [20] a Domino; et si gratum est coram eo ut honoret ille ancillam suam, ille ipse solus benignus per Spiritum sanctum congregabit huc operarios e regione Isaurorum, et [21] sicut gratum erit coram eo ita etiam fiet, secundum consilium eius salutare [22] ».

---

[23] *Litt.* omne. — [24] *Litt.* scire-factus esto AJ, scitum sit T. — [25] *Om.* T. — [26] nuntiavit hoc totum T.

47. [1] *Litt.* confecta est mihi AT, mihi confecta est J. — [2] honorem T. — [3] *Om.* T. — [4] *Litt.* super. — [5] *Litt.* igitur. — [6] *Ps.* cxviii, 32. — [7] *Om.* T. — [8] ego *om.* T. *Ps.* cxviii, 45. — [9] *Litt.* et ecce. — [10] *Om.* T. — [11] *Litt.* factus sum. — [12] *Litt.* restitutus sum ego menti meae. — [13] T *add.* solum. — [14] *Litt.* super. — [15] *Litt.* visione. — [16] *Litt.* visionem. — [17] *Om.* T. — [18] curam-agitis T. — [19] de hoc T. — [20] *Litt.* certitudo mea. — [21] *Om.* T. — [22] *Litt.* vitale.

48. Et [1] ut dixit sanctus hoc ita ad fratres, dimisit eos ad-cellas eorum singulos [2]. Et sicut media nocte circiter, respexit sanctus loculum
beatae et vidit ille sanctam Martham, matrem suam, stantem ordinate
secundum consuetudinem suam in-medio circiter conchae (*konkʻi*)
5 ubi erat deposita; et ad caelum cum-timore magno spectabat illa,
et [1] suavem et pulchrum angelicum hymnum voce alta offerebat
Deo et dicebat illa ter : « Gloria tibi, Deus, gloria tibi, alleluia (*aleluia*) ».
Et totum monasterium ei consonabat, et ⌈sanctae reliquiae eius [3] move-
bantur [4] in capsa (*larnaki* [5]) ⌈per doxologiam [6]. Propter quod etiam
10 timore et gaudio [7] impletus fuit [8] propter [9] tantam gratiam ei donatam
a Deo, quam donavit ille ancillae suae. Et recordatus est ille verbum
Scripturae quod [10] dicit : « Gaudebunt ossa humilia » [11]; et conservavit
ille [12] in corde suo hymnum ad Deum doxologiae, et gaudio spiritali
laetans erat et consonabat ille etiam caelesti doxologiae. Ut autem
15 advenit hora hymnum perficiendi noctis orationum, congregati sunt
omnes fratres apud sanctum [13] sicut habebant consuetudinis ordinem,
et [14] nuntiavit eis [15], et [14] coeperunt illi etiam et consonabant spiritali
hymno ⌈a Deo [16] dato usque ad mane diei sabbati. Exinde [17] igitur
in-vespertina etiam hora sabbati et sanctae dominicae etiam [14] et
20 omnibus vesperis hoc ordinavit sanctus facere, ut unus e fratribus
coram loculo eius ter diceret hunc hymnum et alii ei consonarent
ter (et) ipsi.

49. Statim autem die huius revelationis visionis, deposuit sanctus
servus ⌈gratus Dei [1] Symeon incensum in turibulum et fecit super illud
25 orationem, et [2] praecepit describere et delineare oratoriam domum
triconchem (-*konkʻi* [3]), sicut erat ostensum eis a beata. Ut autem
coeperunt illi scribere [4] et [2] delineare, ecce statim [5] multitudo operario-
rum aedificatorum congregata est [6] ex Isaurorum pagis, et aliunde
etiam aedificatores advenerunt, diversis et variis ⌈morbis apprehensi [7],
30 qui cum-fide accedebant [8] ad-sanctum et [9] per-contactum sanabantur
subito; et [9] orabant eum ut ⌈facerent illi [10] opus illud. Et [9] ut coepe-

---

48. [1] *Om.* T. — [2] *Litt.* singulum. — [3] *Litt.* reliquiae eius sanctae (*nomin.*), AJ reliquiae illius sanctae (*genit.*) T. — [4] T *add.* etiam. — [5] narnaki T. — [6] *Litt.* e doxologia. —
[7] T *add.* magno. — [8] *Litt.* factus est. — [9] *Litt.* super. — [10] *Accusativus.* — [11] *Ps.* L, 10. —
[12] *Sup. lin.* T. — [13] sanctos A, sanctos cantores T. — [14] *Om.* T. — [15] T *add.* sanctus. —
[16] *Litt.* divine. — [17] T *add.* et.

49. [1] Dei gratus + 2 *litt. erasae* T. — [2] *Om.* T. — [3] -kunkʻi T. — [4] ordinate T. —
[5] statim autem AJ. — [6] *Litt.* congregata est illinc. — [7] apprehensi morbis T. — [8] venerunt
T. — [9] *Om.* T. — [10] faceret ille T.

runt illi aedificare orientalem [11] magnam concham (*konk'i*) et duas
utrinque [12], apparuit cuidam ⌐e fratribus beata [13] et opus docebat
facere sicut oportebat.

50. Et subito narravit frater [1] sancto coram omnibus. Erat quidam
e fratribus unus, nomine Agulas (*agula*), homo improbus [2], (qui) 5
tota potentia sua resistebat et non sinebat ita fieri opus sicut fratri
illi erat ostensum; et [3] abiit ille occulte, et [3] Theodoro cuidam ex
operantibus mandavit ut sicut ille vellet ita faceret, et non ⌐secundum
beatae Marthae indicationem [4]. At subito puduit improbum [5] Agulam,
qui huiusmodi impudentem audaciam fecit, et [6] experientiam accepit 10
ille et cognovit, sicut dicit propheta, quoniam « consilium improborum
malum est et iniquum », et [6] rursus dicit quoniam « recti cum-intelligen-
tia consuluerunt, et consilium hoc [7] manebit » [8]. Nam uni cuidam
ex operantibus apparuit beata Martha in visione noctis, qui nomine
erat Neon, qui etiam sanatus est e malo daemone attingendo cum-fide 15
beatae loculum (*soro* [9]); et [10] dixit ei (Martha) : « Malum et valde
pravum architectum constituerunt [11] vobis, o Neon, Agulam »; et
addidit ⌐illa praeterea [12] et dixit manifeste valde : « Non perficiet
Theodorus cellarius (*apot'eti* [13]) opus hoc, quia infidelis est ». Ut autem
nuntiavit hoc sanatus ille Neon omnibus, post diem unam spiritus 20
stuporis ingressus est in-cellarium (*apot'eti* [14]) Theodorum de quo
dixerat sancta et magna Martha quoniam : « Non perficiet ille opus
hoc »; et occulte fugiebat ille illinc [16]. Paulus autem quidam, expertus
fabricationis valde, venerat [17] apud sanctum ab Isaurorum regione
et a multimodis morbis erat sanatus per sanctum, et permansit in [18] 25
opere illo; et orabat servum Dei ut praeciperet ei ut ita aedificarent
sicut beata docuerat ante eius adventum, nam ille postea [19] venit [20]
in-monasterium quam [21] Theodorus cellarius (*apot'eti*) fugerat [22] illinc
a spiritu stuporis [23] (vexatus). Sanctus autem dixit ei : « Sicut Dominus
vult et [24] certiorem facit [25] te, ita etiam fac ». Omnes autem admirati 30

---

[11] *Litt.* orientem versus. — [12] *Litt.* hinc illinc AJ, hinc et illinc T ; T *add.* voluntate Dei.
— [13] beata e fratribus T.

  50. [1] T *add.* ille. — [2] *Litt.* non bonus. — [3] *Om.* T. — [4] *Litt.* similiter b. M. doctrinae. —
[5] improbitatem eius T. — [6] *Om.* T. — [7] *Sup. lin.* J. — [8] *Is.*, XXXII, 7-8. — [9] su- ? *tota
vox evanida* T. — [10] *Om.* T. — [11] *Litt.* definiverunt. — [12] *Litt.* illa (*nominativus*) super
AJ, super illud T. — [13] apoteti T. — [14] apotet'i T. — [15] *Om.* T. — [16] T *add.* negligens. —
[17] AJ *add.* igitur. — [18] *Litt.* super. — [19] *Litt.* deinde adhuc. — [20] ivit AJ. — [21] *Litt.*
quando. — [22] *Litt.* fugiebat. — [23] stupefactus T. — [24] *Om.* T. — [25] faciet T.

sunt cum audierunt hoc, quia recordati sunt illi prophetiam beatae
Marthae, quomodo in-visione docuisset illa illum fratrem et operarium
etiam sanatum; nam ita factum est sicut dixerat illa [26], et [27] ⌐nihil
omnino [28] ex hoc sciebat qui-venerat operarius Paulus.

5   **51.** Ut autem ⌐perfecta est [1] tota aedificatio domus sanctae, et [2]
tectum positum est super eam, post [3] parvum tempus voluntate
Dei adornata est illa (domus) omnino, qui glorificat glorificantes
Se [4], qui [5] sibi-complacuit adornare etiam eam sicut aedificare sibi-
complacuerat [6]; et ⌐translatus est [7] in eam sanctae ancillae Dei loculus,
10 in quo erant sanctae reliquiae eius inclusae [9], et depositus est ille
in templo novo cum-hymnis et psalmis spiritalibus; nam sacerdotes
venerunt multi et populi credentis multitudo ingens, quia omnes
studiosi erant accipere ab ea benedictionem (*evlogia*). Multi igitur
⌐tum etiam [10] e congregata multitudine, morbis multimodis apprehensi,
15 sanati sunt appropinquando venerabili loculo (*soro* [11]) eius, et [12] per
illam beatam [13] a domino nostro Iesu Christo auxilium petiverunt [14]
⌐et invenerunt [15]. Nam illa sustulit crucem suam toto corde [16] et
secuta est salvatorem nostrum; propter hoc etiam iure audivit illa
ab eo sicut audierunt omnino sancti apostoli : « Aegrotos sanate,
20 daemones expellite » [17], et quod-sequitur hoc. Et nunc omnibus [18]
propositus est venerabilis reliquiarum eius pulvis ad-curandum;
omnibus quicumque cum-fide accedent ad-eam puritatem donat
eis [20], et [21] (eis) qui diversis [22] morbis erunt apprehensi remedium est
spiritale, sicut e fonte opulento [23] scaturit [24] et irrigat omnes ad-glorifi-
25 cationem Christi Dei nostri qui per illam facit signa et curationes.
Nos autem de domo oratoria, sicut docuit et delineavit beata Martha,
per supra dicta memoravimus totum bene, et sanctarum reliquiarum
eius illuc translationem [25] diximus [26] decenter, ut qui legent bene et
sine-labore [27] intelligant totum. Nunc autem tempus est incipere
30 reliquum etiam narrationis notificare.

---

[26] T *add.* totum. — [27] et quia AJ, quia T. — [28] *Litt.* neque unum quiddam AJ, neque
unum T.

    51. [1] perfecit A. — [2] *Om.* T. — [3] *Litt.* et post. — [4] Cfr 1 *Reg.*, II, 30. — [5] ille JT. —
[6] *Litt.* sibi-complacuit. — [7] *Litt.* transmutatus est. — [8] ibi AJ. — [9] *Litt.* munitae. —
[10] *Om.* T. — [11] *loskuma* T. — [12] *Om.* T. — [13] T *add.* et. — [14] T *add.* omnes. — [15] *Om.* T. —
[16] T *add.* suo. — [17] *Matth.*, X, 8. — [18] *Litt.* pro omnibus. — [19] accipient T. — [20] ei A. —
[21] *Om.* T. — [22] *Litt.* ex diversis. — [23] fluente T. — [24] *Litt.* germinat, crescit. — [25] appro
pinquare T. — [26] dicemus T. — [27] *Litt.* sine-tribulatione.

52. Ter beatus et [1] sanctus Symeon cum-lacrimis incessanter rogabat Deum et petebat ille signum in-memoriam ⌐sanctae Marthae [2], et [1] dicebat ita : « Domine, si inveni gratiam coram te, fac misericordiam tuam [1] cum ancilla tua ; et donetur mihi abhinc pignus arboris vitae, quae inter paradisum plantata fuit primum, quae etiam erat crux 5 tua venerabilis ; et computatus mihi sit [4] ut-cherubim custos arboris vitae custos venerandae crucis tuae qui est hodie et conversatur [5] in-sancta Resurrectione tua, quisquis est ille, qui habet claves vivificae Resurrectionis tuae in-Ierusalem, et ut non per-humanam gratiam donetur mihi illud mysterium et ut ⌐non ego [6] ab- 10 hominibus quaeram et curam-agam de hac re, sed per-tuam [7], benigni regis, voluntatem. Et intuere, Domine dulcis, super rogationem hanc meam, et demitte Spiritum tuum sanctum ut per-beneplacitum voluntatis tuae iniciat in-cor eius qui in-sancta Resurrectione tua est [8] ut-œconomus, qui corporaliter ignotus mihi est, ut tradat ille 15 ad [9] paupertatem meam litteras pacis et epistulam [10] (*ebistole* [11]) salutationis, per quam erit mihi donum petitionis huius meae a divinitate tua, ut tradatur mihi illud in-memoriam ancillae tuae quam assumpsisti [12] cum benignitate, ideo [13] quod docuisti animam eius venerabilem baiulare vivificam crucem tuam cum-fide manibus 20 suis, quando transferebar [14] ego ⌐de-virtute in-virtutem [15] super hanc columnam ; in illa igitur die praecedebat me illa cum-lacrimis fervidis et [16] fluentibus, et hunc hymnum dicebat : 'Salva nos, fili Dei, qui crucifixus es pro nobis, alleluia (*aleluia*)', quam etiam in-pace et sanctitate requie dignam fecisti cum obdormivit, sicut credo ego 25 et certior (factus) sum quoniam fidelem [17] cum fidelibus per-bonam operationem mandatorum tuorum suscepisti eam, quae valde volebat semper sancta mandata tua. Domine misericordiarum, veniat ad-me petitio haec per-potentiam vivifici et [18] omnino sancti et consubstantialis [19] Spiritus tui, ut super hoc etiam gloriam et gratiarum- 30 actionem offeram ego tibi et aeterno [20] Patri tuo et vivifico Spiritui tuo sancto, nunc et [21] semper et a-saeculo in-saeculum, amen ».

---

52. [1] *Om.* T. — [2] *Litt.* de sancta Martha. — [3] facta est AJ. — [4] sis T. — [5] *Litt.* situs (« étant ») est. — [6] *Litt.* neque ego AJ ; ego non T. — [7] *Litt.* tui. — [8] *Litt.* situs (« étant ») est. — [9] *Litt.* apud, gr. πρός. — [10] *Om.* T. — [11] epistole J. — [12] *Litt.* tibi-commendasti. — [13] *Litt.* propter hoc. — [14] *Litt.* commutabar. — [15] *Litt.* de-potentia in-potentiam ; *cfr Ps.* LXXXIII, 8. — [16] *Om.* T. — [17] credam *sic* T. — [18] *Om.* T. — [19] *Litt.* uniessentialis ; *cfr* § 66, n. 10. — [20] *Litt.* sine-initio. — [21] *Om.* A.

53. Et ut rogavit sanctus Symeon Deum ita, statim vidit ille manifeste per visionem tres monachos Iberos qui a-Ierusalem veniebant [1]
ad-monasterium sancti, e quibus unus, nomine Antonius, sacerdotii
honore erat vestitus et hegumenus monasterii venerabilis et praepositus
5 fratrum multitudinis. Hic Antonius videbatur ⌐quasi habens [2] manibus
suis crucem auri, et in ea vivifici ligni portionem, potentiam ingentem [3];
tenebat [4] ille hanc cum-timore magno et [5] tremore, et dabat eam
sancto Symeoni ⌐secundum petitionem [6] eius. Hic igitur [7] Antonius
Iberus homo erat admirabilis, qui vidit in-visione in-hora illa servum
10 Dei magnum Symeonem qui dicebat ei : « Abi igitur tu ad-Montem
Admirabilem»; et subito cum vidit in-nocte visionem illam, cito-ivit
ille mane et cum duobus fratribus coepit ambulare in-via a-Ierusalem.
Gratus autem (servus) Dei Symeon notificavit fratribus visionem
Antonii et (eorum qui) cum eo (erant) fratrum; per hanc causam
15 coactus fuit [8] loqui.

54. Nam frater quidam unus monachus patiebatur pede suo, et
erat ille e monasterio Scopelorum (*skopeli*), et iverat ille apud sanctum
ut sanaretur ab eo, et [1] erat ille stans coram eo et narrabat ei de
passione sua. Alius autem quidam monachus, Sergius nomine, Iberus [2],
20 a-Ierusalem venerat [3] coram sancto Symeone propter passionem
aliquam malam, et sanatus erat [4] a sancto; hic ⌐accessit ad-sanctum [5]
in-tempore illo et petebat ab eo orationem ut abiret ille in-suam
regionem. Et [6] dixit ei sanctus, coram illo pede-patiente monacho
qui [7] a Scopelorum (*skopeli*) monasterio venerat ad-curationem apud
25 sanctum : « Patientiam-habe, frater, quia ecce tres monachi Iberi
a-Ierusalem veniunt huc, e quibus unus gratia Dei plenus est; hic
minister est vivificam crucem ad-me adducendi; venient illi, et deinde
abibis tu cum eis». Ille autem nunquam credidit in-verba sancti neque
oboedivit ei, sed exivit ille inde et ambulabat in-via sua. Ingressus
30 est autem in-eum daemon et cogitare-faciebat (eum) de sancto servo
Dei verba blasphemiae; et dicebat : « Homo hic sagus est et magus,
et ideo [8] facit ille signa et virtutes; nam quis unquam audivit aut

---

53. [1] *Litt.* venerunt; *sup. lin.* T. — [2] *Litt.* quod quasi habebat ille; quasi *et* ille *om.* T. —
[3] *Litt.* potentem. — [4] *Litt.* apprehenderat. — [5] *Om.* T. — [6] *Litt.* similiter petitioni. —
[7] *Sup. lin.* A. — [8] *Litt.* factus est.
    54. [1] *Om.* T. — [2] Iberia (k'art'li) A. — [3] *Litt.* venerat ille. — [4] *Litt.* factus est. —
[5] venit coram sancto T. — [6] *Om.* T. — [7] *Om.* A. — [8] *Litt.* per-eius (rem); *cfr* § 35, n. 27.

vidit [9] ab initio mundi tantam signorum operationem, nisi [10] solum in-
adventu Domini ? Et [11] non est hoc opus bonum ; et ego etiam sum
deceptus, quod imagines eius habeo ex humo effictas ».

55. Hoc igitur cogitabat ille, dominatus [1] a daemone ; propter
quod etiam audax factus est miserandus et [2] subito eulogias 5
(*evlogia*) concussit in-terram et igne combussit ; una autem ex eis
restavit in vestibus eius invito eo, quia non comperit ille ⌐eam restare [3].
⌐Ut autem fecit ille [4] opus hoc malum, subito in ictu oculi ambae
manus eius ⌐a cubitis et [5] ab humeris prorsus usque ad ungues leprosae
factae sunt albae sicut nix. Et ut vidit ille hoc, timuit ille valde, 10
et nihil [6] cuiquam voluit narrare de hac re, et abscondebat ille manus
suas. Resipivit igitur ille aegre a deceptione et [7] ⌐recepit mentem
suam [8], et invenit ille [9] reliquam eulogiarum (*evlogia*) ab eo combus-
tarum. Et ut invenit eam, inflexit ille genua sua et dixit rogans [10] :
« Sancte Symeon, credo ego quoniam [11] servus es tu Filii Dei et ⌐tua 15
opera [12] omnia a Spiritu sancto sunt [13] ; sed [14] adiuva incredulitatem
hanc meam et [15] remitte mihi culpam meam, et condonetur [16] mihi
peccatum [17] quod feci cum-stultitia per-daemonis deceptionem (et)
per quod evenit [18] mihi malum hoc, ut purificer ego ab hoc et purificatus glorificem ego etiam gratiam Dei habitantem in [19] te ». Et ut 20
oravit ille ita, surrexit et se-unxit ille eulogia (*evlogia*) sancti semel ;
ad [20] secundam autem unctionem purificatus est ille et sanatus est
perfecte ab illa lepra quam ⌐arcessiverat ille [21], et ⌐proprium colorem
recuperavit [22] corporis sui ; et subito reversus est ille ad-sanctum et
narravit ei [23] totum, et [24] quantam fecisset Deus erga eum miseri- 25
cordiam, et glorificabat ille Deum.

56. Cum igitur hoc factum est signum, ecce statim monachi etiam
Iberi advenerunt illuc, de quibus sanctus praevie dixerat ; et ante
ingressum eorum apud sanctum, occurrit eis monachus ille Scopelorum
(*skopeli*) monasterii, et [1] interrogavit ille eos [2] et cognovit quoniam 30
Iberi erant et a-Ierusalem veniebant et tres erant ; et [1] admirabatur

---

[9] intuitus est T. — [10] *Litt.* extra. — [11] *Om.* T.

55. [1] dominatione T. — [2] *Om.* A. — [3] restare eam T. — [4] ille autem ut fecit T. — [5] *Om.*
T. — [6] non T. — [7] *Om.* T. — [8] *Litt.* restitutus est menti suae. — [9] *Sup. lin.* T. — [10] *Litt.*
cum-rogatione ; *om.* T. — [11] quia T. — [12] *Litt.* a te facta. — [13] *Hic 2 litt. erasae* J. —
[14] *Sup. lin.* A. — [15] *Om.* T. — [16] condonatur T. — [17] T *add.* meum. — [18] *Litt.* occurrit. —
[19] *Litt.* inter. — [20] *Litt.* super. — [21] prope-erat ei T. — [22] *Litt.* ad-suum colorem venit
ille. — [23] ille T. — [24] *Om.* T.

56. [1] *Om.* T. — [2] *Litt.* ab eis.

ille valde; et eis narravit ille de eis (dictam) prophetiam sancti servi
Dei. Ut autem intraverunt monachi Iberi ⌜tres iidem ³ et steterunt
coram sancto Symeone, audax ⁴ factus est Antonius et sicut hominem
spectabat eum similem nobis et nihilo maiorem ⁵ aliis, quia non potuit
ille invisibilem ⌜in eo ⁶ habitantem potentiam experiri, per quam
fiebant signa et miracula ⁷ innumerabilia ⁸; et dixit ei sanctus :
« Descende tu, fili, ⌜dum tempus habes adhuc, et noli temptari tu ⁹ »;
et ut dixit hoc ad illum, intravit ¹⁰ ille et clausit ille fenestram melotae,
et Antonium eduxit a facie sua, sicut ille nolebat. Et ¹¹ ecce statim
phantasiae et turbationes et timor multimodus ¹² dominatus est
in-animam Antonii. Antonius autem subito procidit ad-sanctum
ad-columnae pedem ¹³, et cum-lacrimis fervidis rogabat eum et petebat
veniam ab eo; et ut obtinuit ille veniam, statim ascendit, salutavit
sanctum et ¹⁴ occurrit ei et abiit sua ¹⁵ via; ambulabat ille et hoc
dixit : « Sive longinquo, sive propinquo, sancte Symeon theophore,
⌜condona mihi ¹⁶ et iube abire me in-pace, ut non tradar ego morti ¹⁷ ».
Sanctus autem ⌜respondit ei ¹⁸ : « Audax esto ¹⁹, fili, et ne timeas
tu ²⁰, et ²⁰ pax a Christo sit per nos ²¹ tecum, ambula et plantam vineae
e paradiso sanctae Resurrectionis affer mihi et mihi ²² ministra tempore
quo ²³ necessarium fiet». Antonius autem illo tempore nihil comperit
neque intellexit cur ²⁴ dixisset ei hoc sanctus servus Dei; postea
autem intellexit ille et cognovit potentiam mandati; nam praeceptum
acceperat ille in-visione ante viginti annos, cum esset adhuc in ²⁵
regione Iberia (*sak'art'velo* ²⁶), a Spiritu sancto quoniam : « Oportet
te cohabitare cum-novo Moyse super quem nunc etiam ⌜posui ego ²⁷
virgam adiutorii mei, qui stans est super montem excelsum et salvationem ostendit ille ²⁸ omnibus instar ²⁹ Baptistae».

57. Mense autem sexto a decessu ¹ beatae Marthae, mense qui
Apellaeus (*apeleos* ²) vocatur, quem Romani Decembrem (*dekenberi* ³)

---

³ *Om.* T. — ⁴ *Litt.* audax igitur. — ⁵ *Litt.* ampliorem. — ⁶ *Litt.* inter eum. — ⁷ mirabilia T.
— ⁸ *Litt.* ampliora quam-numerus. — ⁹ et noli temptari dum tempus habes adhuc T. —
¹⁰ descendit A. — ¹¹ *Om.* T. — ¹² multicolor T. — ¹³ *Litt.* radicem. — ¹⁴ *Om.* T. —
¹⁵ *Litt.* sui (*pronomen*). — ¹⁶ *Om.* T. — ¹⁷ *Litt.* fini. — ¹⁸ respondit et ei dixit T. —
¹⁹ fias (*imperat.*) T. — ²⁰ *Om.* T. — ²¹ me T. — ²² *Om.* T. — ²³ *Litt.* quando. — ²⁴ *Litt.*
propter quidnam. — ²⁵ super AJ. — ²⁶ k'art'li T. — ²⁷ *Litt.* est-sita mihi. — ²⁸ *Om.* T.
— ²⁹ *Litt.* similiter.

57. ¹ *Litt.* transmutatione. — ² apleos A, aprileos *corr. in* apileos J, aprileos T. — ³ de
keberi JT.

vocant, apparuit gratia Dei et maiora opera ostendebat sancto;
et vidit ille meridiem versus a-Ierusalem solem, valde splendidiorem
quam-visibilem hunc, venientem ad eum, qui implevit gloria et
splendore magno monasterium eius, et in-manus beatae [4] Marthae
ivit ille et [5] ibi requievit et splendebat. Nam recordatus est Deus 5
iusti Symeonis et beatae Marthae matris eius, de petitione incorruptae
crucis, ut quod fecit maneret in-memoriam eius. Et astitit [6] in-visione
noctis angelus Domini prius memorato sacerdoti Antonio Ibero et
dixit ei : « Surge cum-festinatione magna et [7] tolle tu plantam vineae
e paradiso sanctae Resurrectionis; et abi tu in-Montem Admirabilem 10
apud servum Christi [8] ». Ille autem ut ⌐recepit mentem suam [9] et
experrectus est, surrexit cum-timore magno et abiit ad-ecclesiam
(eklesia) et [10] patefecit ille propter hoc [11] sanctum evangelium, et
⌐inventum est [12] hoc [10] : « Surgite et abeamus [13] hinc [14]; ego sum vinea
vera, et vos rami estis [14]; qui permanebit mecum, ego cum eo perma- 15
nebo, et ille recipiet fructum multum, quia sine me non potestis [15]
facere quicquam » [16]. Admiratus est autem mente sua [17] Antonius
et abiit ille in-aliam ecclesiam (eklesia), et [18] ibi etiam patefecit ille
sanctum evangelium, et [18] ⌐inventum est [19] hoc : « Qui credet in-me,
opera quae ego facio ille etiam faciet et [18] maiora faciet [20] ». Tum 20
confirmavit Dominus cor eius et certiorem fecit (eum); et corruit
super eum timor magnus valde, ita-ut [21] tremerent omnia membra
eius; cogitavit [22] autem Antonius quoniam in-veritate de vineae
planta dictum est ad eum quod dictum est; et nihil iam exspectabat
ille [23] aliud; abiit igitur festinanter et sustulit plantam e paradiso 25
sanctae Resurrectionis et coepit ille statim ambulare in-via Montem
Admirabilem versus.

58. ⌐Quoniam autem [1] grati sunt Deo timentes Eum, turbatio
quaedam cogitationum ingressa est in-beatum et sanctum crucis-
custodem Domini qui erat in-Ierusalem, nomine Thomam, ⌐de quaestio- 30
nibus quibusdam aegre intelligibilibus [2]. Quidam autem coram eo

---

[4] *Sup. lin.* T. — [5] *Om.* T. — [6] *Litt.* permansit. — [7] *Om.* T. — [8] T *add.* sanctum
Symeonem. — [9] *Litt.* restitutus est menti suae. — [10] *Om.* T. — [11] *Litt.* hanc
rem. — [12] *Litt.* evasit. — [13] *Corr. ex* abite A, abite JT. — [14] *Om.* T. — [15] *Litt.* potentes
estis. — [16] *Ioh.*, XIV, 31 ; XV, 5. — [17] T *add.* beatus. — [18] *Om.* T. — [19] *Litt.* evasit. —
[20] *Om.* T. *Ioh.*, XIV, 12. — [21] *Litt.* donec. — [22] cogitabat T. — [23] *Sup. lin.* T.

58. [1] quoniam autem *bis scripsit* A. — [2] *Litt.* de quaesitis quibusdam (nonnullis T)
aegre intelligibilibus operibus.

loquebantur invicem de miraculis sancti Symeonis servi Dei et mirabantur potentiam divinam per eum (manifestatam); ille autem [3]
audivit hoc ab eis, et divino zelo arsit cor eius, et subito advocavit
ille hominem quemdam admirabilem, Paulum quemdam [4], presbyte-
5 rum et œconomum (*konomos*) sanctae Christi Dei nostri Resurrectionis;
et orabat eum ut oboedire assentiret et opere perficeret (oboedientiam),
ut abiret ille et auferret epistulam ab eo salutationis ad [5] gratum
(servum) Dei in-Montem Admirabilem. Ille autem oboedivit ei subito
cum-gaudio magno et [6] abiit; et ambulabat ille in-via, quia ille etiam
10 valde desiderabat accipere sancti et magni [7] Symeonis orationes;
et pervenit ille ad-monasterium (*monasteri*) sancti hora qua presbyter
etiam Antonius iverat; et [8] intraverunt simul ambo et oraverunt
et [8] salutaverunt servum Dei osculatione sanctitatis. Presbyter
autem Paulus dedit ei epistulam (*ebistole* [9]) crucis-custodis. Sanctus
15 autem accepit eam et ⌐amplexus est [10], et [11] genua inflexit et gratiarum-
actionem Deo obtulit et adorationem, qui semper audit eius rogationes;
et legit eam, ⌐in-qua [12] erat scriptum ita.

59. Epistula (*ebistole* [1]) crucis-custodis [2]. « Regi omnium vos [2] ipsos
affixistis et mentem istam vestram sanctam ei adunavistis et divina
20 gratia pleni estis facti; et hominum erga Deum complacentia ⌐commissa
est [3] vobis. Propter hoc etiam ego pauper propriam salutem quaerens
sum et, ut cogitabam ego, a mundanis sollicitudinibus fugam et a
distractionibus eius (*sc.* mundi) liberationem, monachorum vitam
eligendo; et [5] tempus aliquantum peregi in ea; nescio quonam modo
25 ⌐venerit-in-mentem [6] pio [7] et divine custodito regi nostro, et commisit
mihi sanctum et gloriosum lignum crucis, (mihi) pauperi huic et
parvulo, (lignum) vivificum Domini et Dei et [8] salvatoris nostri Iesu
Christi, et claves etiam sanctae Christi Dei nostri Resurrectionis et [9]
incorrupti et adorabilis Golgotha; propter quod etiam rursus in-dis-
30 tractiones quasdam incidi ego, et cogito e propria salute decipi per
has distractiones. Oro igitur Deum diligentem istam animam sanctitatis vestrae, quae huiusmodi omnia [10] manifeste scit, propter caritatem
Iesu Christi domini nostri, ut notificet parvitati huic meae num [11]

---

[3] T *add.* ut. — [4] *Om.* T. — [5] *Litt.* apud. — [6] *Om.* T. — [7] gloriosi T. — [8] *Om.* T. —
[9] epistole J. — [10] *Litt.* sibi-occurrere-fecit. — [11] *Om.* T. — [12] quae T.

59. [1] epistole J. — [2] A *add.* Christe, miserere Georgii. *Tit. uncial. litt.* J. — [3] *Sup. lin.*
T. — [4] *Litt.* persuasa est. — [6] *Litt.* accesserit. — [7] *Litt.* bene ministranti. — [8] *Om.*
T. — [9] *Om.* T. — [10] *Litt.* omne. — [11] *Litt.* si.

salvetur [12] anima mea ⌐in hoc ministerio [13] manente-me [14], ut evanes-
cant mihi cogitationes meae de hac re, nam valde pungor ego ab eis et [15]
concussioni appropinquo ; et ante [16] omnia [17] oro sanctitatem vestram
ut memoriam meam faciatis et [18] in orationibus vestris sanctis infir-
mitatem [19] meam non obliviscatis ».   5

60. Ut autem legit sanctus hoc [1], coepit responsum-dare [2] ad
sanctum illum hominem et dicebat ei : « Quoniam igitur tempus est
omnis operis, tempus est loquitandi et tempus est tacendi [3], cogor
ego ut manifestem tibi, et paternae isti caritati tuae de proposito
nuntiem opus [4] totum. Nam recordatus sum ego archangeli Raphaelis 10
verbum, quod Tobiae dixit ille, quoniam : 'Mysterium regum custodire
bonum est; opera [5] autem Dei manifestare decens est' [6]. Et [7] hoc
dico ego ut scias tu et intelligas quoniam non a-se ipso nec de proprio
motu sanctus ille crucis-custos emittere te consuluit [8] ad nostram
paupertatem. Nam ecce hic [9] septimus mensis perficitur, a quo gratiam 15
hanc peto ego a Domino ut persuadeat menti eius facere hoc, ut
cognoscat nos per Spiritum sanctum et emittat huc ad nos hominem,
non quidem propter mundanum quoddam opus (absit), sed propter
mandatum a Domino ad nos factum beneplacito [10], ut per eum tradatur
nobis sancta et omnibus sanctis sanctior eulogia (*evlogia*) et omni 20
thesauro pretiosior, clara et adorabilis e dominica et salutari cruce omnino incorrupta portio, ut adoretur illa in die qua sibi-complacuit
philanthropia eius matris meae dormitionem sanctificare ».

61. Et [1] respondit ei sanctus sacerdos Paulus et dixit cum-ingenti
studio et desiderio cordis : « Perficiet totum praeceptum vestrae 25
sanctitatis sanctus ⌐crucis-custos [2] Dei dominus [2] Thomas; nam
sanctam et [3] venerabilem portionem vivifici ligni caute adornabit
et obsignabit [4] et festinanter transmittet eam per homines dignos
et gratos ⌐sanctitati vestrae [5]; nam eius oratio et rogatio haec est
ut omnino voluntatem vestram perficiat [6] et gratiam vestram accipiat; 30
praeterea [7] tantum facite vos etiam caritatem et [8] dignamini trans-

---

[12] salveturne J. — [13] in hac vita A. — [14] *Litt.* essendo. — [15] *Om.* T. — [16] plus-quam T.
— [17] *Litt.* omne. — [18] *Om.* T. — [19] T *add.* hanc.

60. [1] *Om.* T. — [2] T *add.* ita. — [3] Cfr *Eccl.*, iii, 7. — [4] *Litt.* operis AJ ; opus T. —
[5] mysteria T. — [6] *Tob.*, xii, 7. — [7] *Om.* T. — [8] consuluerunt A. — [9] *Om.* T. — [10] benepla-
citorum T.

61. [1] *Om.* T. — [2] *Om.* T. — [3] *Infra lin.* A. — [4] *Litt.* obsignabit super. — [5] apud
sanctitatem vestram J. — [6] (voluntas vestra) perficiatur T — [7] *Litt.* super hoc. —
[8] quod T.

missam eulogiam (*evlogia*) ab eo pro pauperibus sicut a patre spiritali
excipere et oblatam-habere». Et dixit ei servus Dei : « Dominus
per-immensam [9] philanthropiam suam et misericordiam curam-aget
de nobis, et [10] necessitatem nostram perficiet nobis secundum [11] quod-
5 oportet et melius (est) nobis; aurum autem oeconomum nobis non
faciemus, quia superbiam et vanitatem docet [12], et propter hoc rogo
te, ne sit de hac re omnino sermo inter nos ».

62. Et ut dixit hoc ad illum, ⌜respexit ille in-presbyterum Antonium [1]
et dixit ⌜ad Paulum : « Ecce [2] hic est minister vivificae crucis, quem
10 ostendit mihi Dominus et praesentavit mihi in-hora [3] adventus vestri;
nam dignus est iste et opus est ut a divinitate eius donatam nobis
potentiam manibus suis adducat nobis hic, sicut vidi ego illud».
Et dixit eis presbyter Antonius : « A-Ierusalem [4], nesciebam propter
quid, veni ego huc non sponte (mea); nunc autem verbum Domini [5]
15 manifestatum est mihi; propter quod quod-praeceptum-est nobis [6]
opere oportet perficere, pater sancte». Et narravit ille ⌜visionem
etiam totam [7] quam viderat ibi, et ostendit eis plantam etiam, quam
habebat, vineae e paradiso sanctae Resurrectionis. Et [8] ut dicebant
illi hoc, vespera-facta-est [9], et [8] oravit pro-eis servus Dei [10] et [8] (eos)
20 dimisit ut abirent et requiescerent illi. Ut autem postera [11] dies illuxit,
orationem et benedictionem suam praebuit [12] ille ut-viaticum presbytero Paulo et emisit eum in-viam eius cum-pace; Antonium autem
presbyterum [13] retinuit paucis diebus apud se ipsum [14]. Ut autem
erat adhuc presbyter Antonius ibi [15], vidit ille nocte una beatam
25 Martham quae astitit [16] ei in-visione et ei dicebat : « Surge et abi
festinanter, et adduc desideratam nostram eulogiam (*evlogia*) ». ⌜Narra-
vit autem [17] hoc Antonius omnibus, et signum etiam imaginis eius
delineavit eis, nam nunquam viderat ille beatam in-carne; propter
quod festinanter emisit eum servus Dei, et scripsit epistulam (*ebistole*)
30 per eum ad [18] crucis-custodem Thomam, in qua erat scriptum ita.

---

[9] *Litt.* innumeram. — [10] *Om.* T. — [11] *Litt.* similiter. — [12] *Litt.* docens est.

62. [1] respexit ille in presb. Antonium *sup. lin.* A. — [2] ad Paulum ecce *in marg.* A. —
[3] in-hora hac T. — [4] ego a-Ierusalem T. — [5] Dei T. — [6] mihi T. — [7] totam visionem
etiam T. — [8] *Om.* T. — [9] *Litt.* invesperavit dies. — [10] T *add.* Symeon. — [11]*Litt.* crastina.
— [12] *Litt.* deposuit. — [13] presbyterum *post* diebus AJ. — [14] *Om.* AJ. — [15] ibi *post* adhuc
T. — [16] *Litt.* permansit. — [17] et narravit T. — [18] *Litt.* apud.

63. Epistula (*ebistole* [1]) sancti Symeonis ad [2] crucis-custodem [3]. «Laetentur caeli et gaudens sit terra [4]; tollite, montes, veritatem, et colles, iustitiam [5]; nam misertus est nobis Deus [6] parvulis his, et [7] consolatus est nos non paucum, quia dignos fecit nos adorare vestram sanctitatem per litteras a vobis [8] (missas), (et) salutavimus 5 nos sanctam paternitatem vestram per Dominum et propter crucis incorruptae signum potens et gloriosum; et scio ego et certior-factus sum quod tota gratia eius requiescit apud vos, qui cherubim estis custodiens arborem vitae sicut prius etiam scripsi vobis. Et audaces estote vos per-gratiam eius qui dignos constituit vos ministerio isto, 10 ut vigiles essetis et cantantes et oraretis et [9] ut de-omnibus [10] ad-glorificationem Dei solliciti-essetis (et) mandata eius custodiretis per-alienorum amorem [11] cum Deum diligente Abraham. Nam ubique inter omnes splendet (quae fit) per vos eucharistiae [12] oblatio et hostia super plantam Sabec [13]; manifeste autem per-Dei crucifixi carnem 15 Dei amorem aliqui divinae caritatis fervore habent. Benedicti estote vos a Domino, pater sancte et venerabilis, qui propter [14] discretionem et humilitatem praedicamini, qui sapientiam habetis ⌜plenam timore Domini [15]; propter quod etiam concitati estis vos desuper per divinam gratiam, et ad [16] nostram paupertatem dignati estis scribere, ut 20 notus-esset vobis non quidem defectus quidam (nam pleni estis omni bono), sed ut [17] nos gratiam pro petitionibus nostris acciperemus, de quibus dignatus est dicere rex noster Christus Deus : 'Petite et vobis dabitur; quaerite et invenietis; pulsate et vobis aperietur' [18].

64. «Et qui petit cum-fide, petit ab eo qui potentiam habebit 25 dare; qui autem petit, per-spem inventionis petit; et pulsare ut-fervor et paenitentia dicitur [1] cordis, cuius ianua est Christus et [2] introductor ei fit ibi in-manifestationem benedicti Patris sui, a quo est accipere omne datum bonum et omne donum magnum [3] a munifico [4]. Eius igitur placito ego etiam in-regione hac deserta et inaquosa visus 30

---

63. [1] epistole J. — [2] apud T. — [3] *Tit. uncial. litteris* J. A *add.* Christe, miserere magistri Georgii; T *add.* sancte Symeon, miserere Theodori peccatoris. — [4] *Ps.* xcv, 11. — [5] Cfr *Ps.* lxxi, 3. — [6] *Hic 1 vox erasa* J. — [7] *Om.* T. — [8] *Leg.* nobis. — [9] *Om.* T. — [10] *Litt.* de-omni. — [11] misericordiam T. — [12] *Litt.* gratiarum-actionis T; per gratiarum-actionis AJ. — [13] Cfr *Gen.*, xxii, 13. — [14] *Litt.* a. — [15] cum-confessione timorem Domini *sic* AJT; gr. πλήρη τοῦ φόβου αὐτοῦ. — [16] *Litt.* apud. — [17] *Om.* T. — [18] *Matth.*, vii, 7.
64. [1] *Litt.* est dictum. — [2] *Om.* T. — [3] Cfr *Iac.*, i, 17. — [4] *Litt.* magnopere donante.

sum in-Monte hoc Admirabili (nam ita est vocatum nomen eius a
Deo), ut videam ego potentiam eius et gloriam ; dentes meos mutavi
in [5] statione mea ; non civitates nec regiones nec loca nec terrestria
haec opera quae sunt in mundo corporaliter cognovi ego omnino ;
[5] per manifestationem autem, visione ipsius Domini, non ex hominibus
nec per homines accepi ego consilium ecclesiam (*eklesia*) hanc aedifi-
candi, ut neque volui ego omnino [6] in-vita mea lapidem super lapidem
ponere ; Dominus autem ipse pollicitus est mihi sine pecuniis [7] perficere
opus, quod etiam fecit sicut non-mendax adiutorio suo ; tacebo ego
[10] dicere alia opera.

65. « Hoc igitur petebam ego a benignitate eius qui spectat humilia
de excelsis, et audax factus sum ego ⌐sicut Moyses [1] dicere : 'Si inveni
gratiam coram te [2] et nosti me amplius quam-omnes rationales oves
tuas magis perfectam et sanam ovem tuam, quae cum dexteris adnume-
[15] randa sum, cum perficietur ecclesia (*eklesia*), ⌐pro omni eulogia [3]
(*evlogia*) in-memoriam aeternam, (in eo) ⌐qui tibi placuit apud me
loco [4], manifesta mihi gloriam tuam, ut scienter corporaliter videam
ego et adorem vivificam crucem tuam [5], et ut non per hominem [6]
curam-agam ego de hac re, sed notum fac quoniam exaudis servum
[20] tuum ; et [7] qui sicut cherubim est computatus mihi, qui [8] custos
est per te thesauri tui, per-dispositionem tuam fac tu ut mittatur [9]
apud me illa per eum, et manifesta mihi opulentiam tuam ; et si facis
tu voluntatem timentium te [10], fac mecum signum bonum'. Quando
autem advenit tempus petitionis per illam quae manibus sustulit,
[25] in-die ascensus praecepta [11] in-memoriam eius, salutarem crucem
timore Dei sapiens-facta mater mea, propter hoc ferventius quidem
rogabam ego Dominum ut intueretur super ancillam suam et humilitatem eius. Et statim vidi ego solem splendidiorem valde quam-visibilem [12] solem, qui splendebat et a-Ierusalem venit in monasterium
[30] *(monasteri)* hoc meum, et introivit ille in-ecclesiam (*eklesia*) et implevit
domum gloriā luminis. Et vidi ego [13] ⌐Iberum quemdam [14] qui manibus suis adducebat vivificum lignum [15] crucis [16], cum duobus aliis

---

[5] *Litt.* super. — [6] *Om.* T. — [7] *Litt.* necessariis, gr. χρημάτων.

65. [1] *Litt.* similiter Moysi. — [2] Cfr *Exod.*, XXXIII, 13 ; XXXIV, 9. — [3] Gr. ἀντὶ παντὸς
λειψάνου — [4] *Litt.* in-quo tibi-complacuisti apud me locus. — [5] T *add.* sanctam. —
[6] homines T. — [7] *Om.* T. — [8] sicut T. — [9] *Litt.* tradatur. — [10] Cfr *Ps.* CXLIV, 19. —
[11] *Ad* in-die *pertinet ; at gr.* ὡρισμένον... σταυρόν. — [12] T *add.* hunc. — [13] *Om.* T. —
[14] quemdam Iberum T. — [15] *Om.* T. — [16] crucem T.

monachis quos nunquam videram. Deinde igitur quibusdam e discipulis meis dicebam quoniam : 'Orate, fratres, quia propinqua est
vivificae crucis adventus [17] promissio'.

66. « Et ecce subito venit abbas (*amba*) Antonius, homo dignus
et servus [1] fidelis domini sui, et cum eo [2] venerabiles litteras vestras [3] 5
sanctorum et epistulas (*ebistole*), quae glorificatae a Deo erant, quae
per dignum et beatum presbyterum Domini Paulum [4] sunt missae [5]
ad me, assumpsi ego ; cui totum narravimus nos manifeste, quoniam
a Deo est [6] facta concitatio gratiae huius. Propter quod etiam effulgebit
nunc [7] apud nos a vobis donum [8] hoc per-ministerium presbyteri 10
abbatis (*amba*) Antonii, qui etiam transmittet vobis epistulam (*ebis-*
tole [9]) hanc salutationis a nobis ; nam non quaero ego a vobis aurum
vel argentum, sed ad-glorificationem omnino sanctae et incorruptae
Trinitatis consubstantialis [10], quae ut-dives videbitur portio magna
omnino sanctae et [11] omnipotentis crucis ad-laudationem et celebratio- 15
nem gloriae eius sit nobis. Nam adoro ego Deum cum cruce ⌜eius
sancta [12] et [13] sanctam Resurrectionem eius ; et saluto vos etiam,
honorem istum cherubinorum ; et peto ut in-sanctis istis locis Domini
memoriam meam faciatis ; et [14] gratia vivificae sanctae Trinitatis
cum spiritu tuo (sit), ⌜venerabilis et [15] sancte pater ».   20

67. Cum autem abiit presbyter Antonius, orabat invenire gratiam
in sancta [1] Resurrectione per-orationes sancti Symeonis et beatae
Marthae matris eius. Et ut ivit ille et intravit in-sanctam civitatem
Christi Dei nostri, respexit ille a-longe et vidit ianuas sanctae Resurrectionis clausas et qui claves habebat iuxta ianuas stantem. Ut autem 25
appropinquavit ille ianuis sanctis, dixit ei ille : « Numquid [2] vis [3]
intrare, monache ? ». Antonius autem respondit ei : « Utique, valde
volo » ; et [4] subito patefecit ei et introduxit eum. Ut autem intravit presbyter Antonius, invenit ille crucis-custodem in-tempore opportuno
placide sedentem coram sancto Golgotha ; qui cum vidit, subito 30
salutavit ille Antonium, et praevie coepit ille interrogare eum unde
veniret ille ; Antonius autem respondit ei quoniam : « A-Monte Ad-

---

[17] *Om.* T.

66. [1] *Om.* T. — [2] *Litt.* cum eo subito autem (subito autem *delenda videntur*). — [3] *Litt.*
vestri (*pronomen*). — [4] T *add.* et. — [5] *Litt.* traditae. — [6] erit T. — [7] *Om.* T. — [8] dona
T. — [9] epistole J. — [10] *Litt.* uniessentialitatis ; *cfr* § 52, n. 19. — [11] *Om.* T. —
[12] sancta eius T. — [13] *Om.* T. — [14] *Om.* T. — [15] *Om.* T.

67. [1] sancti A. — [2] aut T. — [3] visne J. — [4] *Om.* T.

mirabili, qui est iuxta Antiochenorum civitatem»; et [5] ut audivit
hoc, statim cum-gaudio magno amplexus est collum eius et introduxit
eum in-sanctum Golgotham, et omnia dominica loca exhibuit [6] ei,
ubi steterunt [7] pedes Domini; et ubi orans-visitavit ille omnia sancta
5 loca, inflexit genua presbyter Antonius ad-crucis-custodem et ei
dedit epistulam (*ebistole* [8]) sancti, quam cum-gaudio magno accepit
ab eo venerabilis crucis-custos et [9] legit [10], et laetans factus est ille [9]
in-Spiritu sancto. Et [9] subito advocavit ille aurifabrum, et confecit
ille crucem auri, et inseruit in-medio crucis, et reposuit eam in thecam,
10 et [11] dedit eam presbytero Antonio ⌜in-manus eius [12] et [11] responsum
litterarum, et dimisit eum [11] in-pace. Presbyter autem [13] cum-gaudio
magno descendit Ioppem festinanter, et invenit ille ibi [14] navem
paratam; intravit in eam et usque ad Seleuciam abiit bene; et ivit
ille ad-monasterium (*monasteri*) apud sanctum die et hora ipsa in-qua,
15 ante annum unum, cum ascenderet sanctus [15] super columnam,
baiulavit beata Martha vivificam crucem et praecedebat eum, sicut
prius memoravimus de hac re. Ut autem vidit eum servus Dei, admiratus est ille et omnes fratres; et [16] accepit ille vivificam et venerabilem crucem et ⌜amplexus est [17] eam et adoravit per-potentiam
20 divinam cum-fide, et gratiarum-actionem magnam pro toto obtulit
Deo, et [18] legit ille epistulam (*epistole* [19]) etiam [18] a crucis-custode
scriptam, in qua erat scriptum ita.

68. Epistula (*epistole* [1]) crucis-custodis [2]. « Venerabiles litterae et
adorabiles [3] advenerunt nobis vestrae sanctitatis per dominum Anto-
25 nium presbyterum; quas cum [4] legi, spiritali gaudio et laetitia
impletus sum (et) gratiam obtuli omnium creatori Deo, quod [5] dignum
⌜fecit me [6] rex omnium huiusmodi litteras a sanctitate vestra legere,
(me) indignum hunc, et divine spiritalia haec verba accipere gratificatus est mihi vestra [7]. Scripta erant autem in litteris his sanctis
30 ex grati (servi) Dei Moysis verbis aenigmata [8] quae ut-aegre inter-
pretabilia apparuerunt stultitiae huic meae; et quoniam aporians
sum ego de horum intelligentia et enarratione, rursus per venerabiles

---

[5] *Om.* T. — [6] videre-fecit T. — [7] *Litt.* permanserunt. — [8] epistole J. — [9] *Om.* T. —
[10] T *add.* eam. — [11] *Om.* T. — [12] per-manus eius T. — [13] T *add.* Antonius. — [14] *Om.* T.
— [15] T *add.* Symeon. — [16] *Om.* T. — [17] *Litt.* occurrit ei. — [18] *Om.* T. — [19] ebistole T.

68. [1] ebistole T. — [2] A *add.* Christe, glorifica magistrum Georgium. *Tit. uncial. litt.*
J. — [3] adoratae T. — [4] *Om.* T. — [5] ut A. — [6] me fecit T. — [7] T *add.* Dominus Iesus
Christus. — [8] *Litt.* parabolae. — [9] fac nos J.

litteras vestras manifesta nobis ea et dignos ⌐nos fac ⁹, sancte Dei,
manifestum-habere et noscere sensum ¹⁰ illorum verborum. Et aliud
etiam quiddam adiecistis meae paupertati ex vestrae istius sanctae
mentis thesauro, ex quo ego miserandus hic nihil habeo. Nam vos
estis diligentes Deum vere, et ¹¹ salvatori nostro Iesu Christo affi-   5
xistis vos ipsos; vos estis assimilati cherubinis amplius; nocte et die
cum caelestibus ¹² cohortibus ¹³ cantare et doxologiam-proferre ei non
cessatis. Propter quod etiam rogo ego sanctitatem vestram ut ¹⁴
commemoratum faciatis me pauperem hunc ad Deum in-hymnis
vestris et ¹⁵ incessantibus doxologiis, ut per sanctas et ¹⁶ Deo gratas ₁₀
orationes vestras levamentum obtineam ¹⁷ ego peccatorum meorum.
Utique, sancte pater, te oro pauper hic, ita fac mecum propter caritatem Dei.

69. « Secundum autem praeceptum vestrum, sancte Dei, misi ¹
ego vobis ² venerabilem et ³ incorruptam portionem vivificae crucis, ₁₅
et ³ inserui eam in-medio crucis auri; et in-ambas alas crucis, e venerabili petra sancti Golgotha (fragmenta) inserui, ubi Filius Dei effudit
sanguinem suum venerabilem; et in-duas partes crucis, caput versus
et caudam versus, inserui (fragmentum) e lapide qui per angelum
revolutus fuit ⁴ a ianua gloriosi et incorrupti sepulcri domini et ⁵ ₂₀
Dei nostri et ⁵ salvatoris Iesu Christi; et haec in-quattuor partes
apparentia inserui, ut adorentur illa. Et cum adveniet vivifica crux
ad sanctitatem vestram hac forma, dignetur sanctitas vestra notificare
mihi per litteras vestras num ⁶ advenerit desiderium ⁷ vestrum ad-vos;
et ⁸ memento paupertatis meae coram Deo, sancte pater; utique, ₂₅
te oro ut per-vestras orationes obtineam ⁹ ego parvam misericordiam
(si magna non dignus ero) a salvatore nostro ⌐Christo Iesu ¹⁰, ut pro
mea etiam ¹¹ salute Christum debitorem facias, theophore ¹², et ut
ita teneatis ¹³ vos meam paupertatem sicut praesentem ¹⁴ et propin-
quam beatitudini vestrae, et per-mentem ¹⁵ istam sanctam spectans ₃₀
esto semper miseriam hanc meam. Et ¹⁶ hoc etiam rogo ¹⁷ sanctitatem
vestram ut epistola *(ebistole* ¹⁸*)* vestra non privetis meam panperta-

---

¹⁰ *Litt.* potentiam. — ¹¹ *Om.* T. — ¹² *Litt.* caeli. — ¹³ in-cohortes-instructis JT. —
¹⁴ T *add.* in-vestris orationibus. — ¹⁵ *Om.* T. — ¹⁶ T *add.* per. — ¹⁷ *Litt.* occurram.

69. ¹ *Litt.* tradidi. — ² T *add.* sanctam et. — ³ *Om.* T. — ⁴ *Litt.* factus est. — ⁵ *Om.*
T. — ⁶ *Litt.* si. — ⁷ *Litt.* desideratum. — ⁸ *Om.* T. — ⁹ *Litt.* occurram. — ¹⁰ Iesu Christo
T. — ¹¹ *Om.* T. — ¹² T *add.* pater. — ¹³ *Litt.* prehendatis. — ¹⁴ *Litt.* illic entem. —
¹⁵ *Gr.* διακονίᾳ — ¹⁶ *Om.* T. — ¹⁷ *Litt.* oro. — ¹⁸ epistole J.

tem [19], et per-doctrinam vestram et divinorum verborum vestrorum
lectionem gaudere-faciatis negligentem animam meam hanc [20] et
consolemini eam [21] ».

70. Qui autem huiusmodi perfecit ministerium et dignus factus
5 est huiusmodi gratia presbyter Antonius divino zelo et amore sancti
fervuit; ab illo tempore iam-non unquam recessit a-sancto et magno
Symeone, sed permansit ille ibi cum eo patientiam-agens; post autem
tempora [1] aliquot ut-episcopum (*episkopos* [2]) Seleuciae benedixit
sanctus presbyterum iberum Antonium; haec autem Seleucia prope
10 magnam Antiochenorum civitatem sita [3] episcopalis (*-episkopos-* [4])
est. Ut autem perfectus est annus unus, advenit [5] prima memoria
beatae Marthae, et nihil cuiquam dixerunt [6] omnino fratres; congregata
est igitur ibi per-gratiam Dei multitudo ingens feminarum et virorum
cum-lucernis et incenso, et-ita [7] perfecta est memoriae eius synaxis.
15 Et [8] noctem totam vigiliam fecerunt; et ut diluculum-fuit, reposuerunt
venerabilem crucem, et [8] omnes eam ⌐amplexi sunt [9] et adoraverunt,
et cum-hymnis dicebant ita : « Crucem tuam adoramus, Domine,
et sanctam resurrectionem tuam glorificamus ». Ut autem perfecerunt
adorationem crucis, post adorationem, adduxit crucem presbyter
20 Antonius, et diaconi cum-flabellis et incensis praecedebant eum [10]
et cantabant : « Salva nos, Fili Dei, qui crucifixus es pro nobis, alleluia
(*aleluia*) ». Et ut reposuit crucem in vasorum-loco presbyter [11] et [12]
perfecerunt diluculi horam, coeperunt et instituerunt liturgiam in-
tegre [13], ⌐et servus [14] Dei perfecit divinum mysterium et [15] ⌐fecit ille
25 liturgiam [16]. Admirabilis igitur est Deus qui est glorificatus in consilio
sanctorum suorum; propter quod etiam sanctos suos admirabiles
fecit ille [17] super terram [18], sicut dixit beatus David; nam admirabilem
etiam fecit vere Deus misericordiam suam ingenti munificentia [18], et
glorificavit ille ancillam suam [19] Martham beatam [17], et glorificabatur
30 etiam nomen ⌐sanctum eius [20] per illam.

---

[19] *Litt.* epistolam vestram non deesse-faciatis a mea paupertate. — [20] *Om.* T. — [21] hanc
AJ.

70. [1] Gr. χρόνους (= annos). — [2] ebiskopoz T. — [3] *Litt.* ens. — [4] -ebiskopoz- T. —
[5] et advenit T. — [6] *Litt.* convicerunt. — [7] *Litt.* quae etiam. — [8] *Om.* T. — [9] *Litt.* occurrerunt. — [10] *Om.* T. — [11] T *add.* Antonius. — [12] *Om.* T. — [13] *Litt.* perfecte; *om.* T. —
[14] servus autem T. — [15] *Om.* A. — [16] *Litt.* obtulit ille horam (« horam-offerre » = *liturgiam facere*). — [17] *Om.* T. — [18] *Ps.* xv, 3; xxx, 22. — [19] T *add.* beatam. — [20] sancti *vel*
sanctae T.

71. Nam multi alii etiam a multimodis morbis, et [1] e multis locis venientes, per-contactum tantum loculi eius [1] accipiebant curationem. Et ut ⌐divulgata est fama [2] eius ubique, audierunt quidam hoc [3] duo fratres, Proaeresius (*proeresi*) quidam nomine et Hilarion (*ilarion*); a-Phrygum (*p'rigieli*) regione venerant hi, et de miraculis etiam [5] Dei audiebant illi, quae faciebat ille per servum suum Symeonem; et erant hi ambo fratres in tribulatione magna et desperatione constituti [4]; nam alter [5], qui Hilarion vocabatur [6], pedem suum moleste patientem, putridum et foetidum habebat, cuius foetore nemo poterat [7] omnino [8] appropinquare ei; et [9] ab omnibus medicis erat desertus [10] [10] ille propter passionem suam; senioris autem fratris eius Proaeresii manus torpens [11] erat deorsum demissa et omnino iners [12]. Consilium-ceperunt illi ambo ut abirent illi coram sancto; propter quod etiam quidam e ⌐proximis eorum [13] intulerunt [14] eos in navem et duxerunt ad-monasterium (*monasteri*) sancti. Et ante ascensionem eorum in-co- [15] lumnam apud sanctum, factum est ut-appropinquaret Hilarion sancto loculo (*soro* [15]) beatae Marthae; et [16] subito levamentum datum est ei dolorum qui opprimebant eum non paucum; nam daemon qui in passione (eius) habitans erat velut [17] igne comburebatur a beata et [16] fugiebat [18] cum-lamentatione per-intercessionem sanctae [20] Marthae; ⌐propter quod, ut [19] praeterivit tempus parvum, ⌐allevatus est [20] ei pes eius et [21] coepit ambulare; et ut e sancto pulvere eius [21] aspersit super incurabile vulnus suum [21], subito sanatus est perfecte, et caro restituta est super illud per-gratiam divinam; et [21] ita sanatus est homo omnino. [25]

72. Proaeresius (*proeresios*) autem ascendit apud sanctum, et de fratre suo magnopere gratias-agebat ei [1] quod sanatus esset [2] ille; de sua autem manu omnino non assensit ille rogare eum. Et ut vidit mentis eius perversitatem sanctus et iustus Symeon, dixit ei : « O stulte et tarde [3] corde ad-credendum, sicut dixit Dominus [4], propter [30] quid [5] tu etiam non petivisti gratiam curationis pro manu ista tua

---

71. [1] *Om.* T. — [2] *Litt.* egressa est vox. — [3] *Om.* T. — [4] *Litt.* entes. — [5] *Litt.* unus. — [6] *Litt.* vocatus est. — [7] *Litt.* potuit. — [8] *Om.* T. — [9] *Sup. lin.* T. — [10] *Litt.* sacrificatus. — [11] *Litt.* inoboediens. — [12] *Litt.* inutilis. — [13] *Litt.* suis. — [14] *Litt.* deposuerunt. — [15] los-kuma T. — [16] *Om.* T. — [17] *Litt.* sicut. — [18] AJT *add.* propter quod etiam (*erasum in* J), *delendum.* — [19] et ut T. — [20] sanatus est T. — [21] *Om.* T.

72. [1] ille sancto T. — [2] T *add.* homo. — [3] hypocrita T. — [4] *Luc.*, XXIV, 25. — [5] *Litt.* propter quid quod.

a Deo ? ». Ille autem obtenebratus est ⌜mente et corde [6] per-tempta-
tionem ⌜a daemone (factam) [7], et [8] audax factus est et dixit : « Si
ille [9] ipse ⌜Iesus Christus [10] filius Dei veniat [11] et me attingat manu
sua, ne [12] ita quidem credo ego sanari manum hanc meam ». Sanctus
5 autem iratus est super tantam blasphemiam ab eo (prolatam), et
praecepit expelli eum foras et iam-non permisit [13] ei appropinquare
columnae suae. Ille autem restitutus est ex obtenebratione menti
suae et [14] coepit paenitentiam-agere et permansit ille [15] ad [16] ianuam
monasterii (*monasteri*), et [15] flebat amare propter blasphemiam suam.
10 Et occulte ab omnibus, ut invenit ille tempus, attigit subito loculum
beatae Marthae, et [15] petebat ille veniam et misericordiam invenire
per-intercessionem eius. Omnipotens [17] autem et philanthropus Christus Deus noster neglexit incredulitatem eius et [18] subito sanum-fecit
eum et dedit ei [18] curationem per ancillam suam; et restituta est
15 manus eius bene [19] sicut altera. Tum obtulit ille Deo confessionem
et gratiarum-actionem et procidit ille ad-sanctum Symeonem, et [20]
volutabatur ille coram eo et rogabat ille [20] eum ut veniam concederet [21]
ei stulte dictorum verborum; et [20] dixit ei sanctus : « Filius Dei misericors est et neglexit ille peccata tua, et voluit ille dare gratiam ancillae
20 suae ⌜curationis tuae [22]. Nunc igitur mane tu in [23] paenitentia ista [24]
et [25] ne-iam pecces et incredulus fias, ut non peius aliquid [26] contingat [27]
tibi [28] ».

73. Hoc igitur, paucum [1] e multo, scripto [2] tradere voluimus et
melius consideravimus pro aedificatione et utilitate eorum qui cum-fide
25 legent; nam plura [3] praetergressi sumus ut non per multitudinem
dictorum infirmorum auditus gravaremus nos. Nam multa signa
secuta sunt tum prius dictorum miraculorum operationem [4] per-
intercessionem sanctae Marthae; et nunc etiam incessanter Christus
Deus noster signa curationis concedens [5] est per-beatae [6] orationes,
30 (iis) qui cum-fide accedent [7] ad-sanctum loculum eius [8]; nam Iesus

---

[6] corde et mente T. — [7] diabolicam T. — [8] *Om.* T. — [9] *Litt.* a-se ille
(a-se *om.* T). — [10] Christus Iesus T. — [11] *Litt.* veniet. — [12] *Litt.* neque. — [13] *Litt.*
condonavit. — [14] *Om.* T. — [15] *Om.* T. — [16] *Litt.* super. — [17] *Litt.* omnino potens. —
[18] *Om.* T. — [19] rursus T. — [20] *Om.* T. — [21] *Litt.* donaret. — [22] *Om.* T. — [23] *Litt.* super. —
[24] T *add.* tua. — [25] *Om.* T. — [26] *Om.* T. — [27] *Litt.* occurrat. — [28] Cfr *Ioh.*, v, 14.

73. [1] T *add.* scriptum. — [2] *Om.* T. — [3] plus AJ. — [4] *Litt.* opus. — [5] *Litt.* donans. —
[6] T *add.* Marthae. — [7] attingent T. — [8] T *add.* illuminatorem animarum.

Christus qui heri et hodie est, idem ad-saeculum est [9] et a-saeculo ad-saeculum, qui facit omnia [10] cum omnibus [11]. Nam peregit [12] beata haec conversationem grate Deo, et omnes gratos quicumque unquam sunt ostensi imitari contendit illa [13] et attente [14] omnibus assimilata est beata et magna mater nostra sancta Martha, et [15] facta est illa [5] in-veritate aroma Christi et habitatio Spiritus sancti; a quo confortata, pietatis [16] progressibus splendebat et exemplum omnibus bonae conversationis erat ex-omni parte; nunc autem coram thronis stans est gratiae et cum-audacia intercessionem pro nobis offert illa Christo Deo et salvatori nostro, et [17] nostram pacem et salutem petit ab eo [10] et accipit etiam illa a suavi et [17] benigno rege nostro; nam voluntatem timentium Se faciens est et [18] orationes eorum exaudit [19], sicut valde [20] misericors et philanthropus, salvator et Deus noster [21], cui convenit omnis gloria et [22] honor et adoratio, potentia et firmitas, et [23] eius est regnum et potestas in-infinitis saeculis et [24] ad saeculum. Amen. [15]

---

[9] Cfr *Hebr.*, XIII, 8. — [10] *Litt.* omne. — [11] Cfr 1 *Cor.*, XII, 6. — [12] *Litt.* transivit. — [13] T *add.* infirmos et pauperes. — [14] *Litt.* caute. — [15] *Om.* T. — [16] *Litt.* bene ministrandi. — [17] *Om.* T. — [18] *Om.* T. — [19] *Ps.* CXLIV, 19. — [20] *Litt.* multum. — [21] T *add. multa, quae in graeco desunt*; *cfr infra, post n. 24.* — [22] *Om.* T. — [23] quia T. — [24] *Om.* T.

Post Deus noster (*n. 21*), T *add.* O Deum diligentes et quaerentes bonam vitam, aperite auditus animarum vestrarum et audite ter beatae matris nostrae Marthae beatae vitam, quale donum acceperit a manu Excelsi; per-misericordiam in-infirmos et pauperes et per-orationes (com)patientes aequalis angelis facta est, et petivit a Deo instar (*litt.* similiter) Annae istae : sicut illa orationibus olim Samuelem (*cfr supra*, § 2), haec etiam beata Symeonem illuminatorem (*litt.* luminare) petivit a Deo, terrestrem (*litt.* terrae) hominem et caelestem (*litt.* caeli) angelum [*leg.* caelestem hominem et terrestrem angelum, *ut in Vita S. Georgii Athonitae*, § 17, trad. P. PEETERS, *Hist. mon.*, p. 90, l. 5-6]; respexit munifice donator Iesus in-petitionem eius. O qualem gratiam habet misericordia in-pauperes ! In caelis thronos posuit coram Domino, et super terram omnibus christianis lucet cum-fide; qui petunt animarum et corporum levamentum, accipiunt cum-munificentia; longinqui et propinqui, omnes glorificant Deum. Et vos etiam, Deum diligentes, praebete (*litt.* inferte) auditus animae; legentes et audientes, cum-diligentia auscultate bonam hanc conversationem beatae Marthae, et per-gratiam eius petite curatoriam bonam; imitamini operarium bonum, fructum quaerentem aeternae (*litt.* immortalis) vitae, ut vobis etiam aperiat Deus oculos mentis.

INDEX BIBLIQUE

Les chiffres en romain indiquent les pages, les chiffres en italique les lignes

INDEX NOMINUM ET RERUM

Les chiffres en romain indiquent la page, les chiffres en italique la ligne.

Georgiani : *vide* Iberi.

« Gloria tibi Deus... », hymnus a Martha cantatus 31, *7, 9, 13, 17, 21*; *vide* doxologia.

Golgotha 39, *29*; 44, *30*; 45, *3*; petra de Golgotha 46, *17*.

graecam linguam nesciunt rustici 10, *26* (ἄγροικοι); eam nescit Lycaon quidam 26, *1*; eam scit socius Lycaonis 26, *19*.

hegumenus (= dux) 18, *22*.

Hierapolitanus quidam daemoniacus 26, *21*.

Hilarion quidam e Phrygia 48, *4, 8, 16*.

Hospitio accipit Martha theophoros homines 5, *15*.

humilitas 2, *1*; 6, *15, 25*; 7, *1, 10*; 13, *20*; 14, *4, 24*; 42, *18*.

hymni 10, *3*; 20, *20*; 33, *11*; *vide* cantus.

Iasonis ecclesia 10, *23*; 18, *11*.

Iberia 37, *24*.

Iberus Antonius 43, *31*; Iberi monachi a Ierusalem veniunt 35, *2, 12, 14, 25*; 36, *27, 31*; 37, *2*; 43, *32*; Iberus monachus Sergius a Ierusalem 35, *19*.

ieiunat Martha feria IV et parasceve 2, *2*.

Ierusalem 34, *9*; 35, *2, 12, 20*; 35, *26*; 36, *31*; 38, *2, 30*; 41, *13*; 43, *29*; 44, *23*.

imago dominica super sepulcrum Marthae 26, *28*; imagines Symeonis ex humo 36, *3*.

imperator romanus 39, *25*.

incensum 2, *4*; 3, *8*; 12, *31*; 19, *4*; 22, *1*; 24, *6*; 31, *24*; 47, *14, 20*.

incorruptum corpus Marthae 18, *28*.

incredulitas 13, *18*; 49, *5, 21*.

incultus Symeon 13, *12*.

Indi 27, *29*.

indoctus Symeon 13, *12*.

infantes baptizantur 3, *29*.

inoboedientia erga Symeonem punitur 27, *13*; 28, *5*; 35, *29*.

intercessio Marthae pro fratre morituro 28, *12, 15*.

interior homo 1, *11*.

iniustitia in proximum iniustitia est in Deum 4, *27*.

Iob 8, *4*.

Iohanna 7, *7*.

Iohannes Baptista 2, *11*; 5, *31*; 37, *27*; Iohannis B. ecclesia 16, *26*.

Iohannes quidam fidelis 18, *26*.

Iohannes frater quidam 28, *4*.

Iohannes lector Gandigorensis 20, *21*; 21, *18*; 23, *8, 12, 24, 26*.

Iohannes pater corporalis Symeonis 14, *18*.

Iohannes pater spiritalis Symeonis 14, *16*.

Iohannis monasterium 16, *20*.

interpres 18, *2*; 26, *9, 19*.

Ioppe 45, *12*.

Isaac 8, *30*.

Isaias propheta 7, *4*.

Isauri operarii 30, *28*; 31, *28*; 32, *24*.

iugum Salvatoris suscipit Martha 7, *13*.

iuramentum non indicit Martha 4, *17*.

iustus monasterii (gr. δίκαιος) 16, *22*.

lacrimae 2, *13*; 3, *4*; 4, *10*; 9, *4*; 12, *33*; 14, *20*; 17, *14*; 34, *1, 22*; 37, *12*.

latrones 6, *11*.

lampades 7, *25*; 30, *8*; *vide* lucernae, candela.

lapis sepulcri Iesu Chr. 46, *19*.

laudari Symeonem non sinit Martha 6, *31, 33*; 12, *17*.

laus nocens est 6, *32*.

laura Symeonis 10, *30*; *vide* monasterium.

Lazarus 7, *19*.

lecticarius 18, *18, 27*.

lepra 36, *9*.

leve videbatur corpus Marthae 19, *11*.

liberat tribulatos Martha 4, *32*.

lignum pulsatur ad hymnum noctis 25, *25*.

de Marthae loculo 29, *7*, *17*; 30, *18*; Hierapolitani daemoniaci de Martha 26, *24*; Iohannis cuiusdam fratris morituri 28, *7*; Iohannis lectoris Gandigorensis de Martha mortua 20, *24*; 23, *12*; 24, *1*; Lycaonis cuiusdam de Martha 26, *10*; Marthae de Iohanne Bapt. 5, *32*; Marthae de Symeone puero Deo oblato 2, *17*, vel in caelum ascendente 13, *23*; Marthae de morte imminenti 7, *23*; Marthae de operibus Symeonis 10, *12*; oeconomi de Martha 24, *31*; Neonis de ecclesia aedificanda 33, *2*; 32, *14*; Symeonis de morte Marthae 9, *25*; 17, *27*; Symeonis de Marthae loculo 28, *28*; Symeonis de sepultura Marthae 31, *3*; Symeonis de monachis Iberis 35, *1*; Symeonis de sole in monasterium veniente 38, *2*. viva est Martha mortua 19, *29*.

TABLE DES MATIÈRES